Nostradamus

Manfred Dimde

NOSTRADAMUS
Prophezeiungen für das 21. Jahrhundert

Im FALKEN TaschenBuch sind weitere Titel zum Thema Prophezeiungen und Zukunftsdeutung erschienen. Sie sind überall erhältlich, wo es Bücher gibt.

Dieses Buch wurde auf chlorfrei gebleichtem und säurefreiem Papier gedruckt.
Sie finden uns im Internet unter: **www.falken.de**

> Bei diesem Buch handelt es sich um eine aktualisierte Neuausgabe des
> Titels „Welt am Wendepunkt".

Aktualisierte Neuausgabe
Originalausgabe
ISBN 3 635 60437 2

© 1997/1999 by FALKEN Verlag, 65527 Niedernhausen/Ts.
Die Verwertung der Texte und Bilder, auch auszugsweise, ist ohne Zustimmung des Verlags urheberrechtswidrig und strafbar. Dies gilt auch für Vervielfältigungen, Übersetzungen, Mikroverfilmung und für die Verarbeitung mit elektronischen Systemen.
Umschlaggestaltung: Zembsch' Werkstatt, München
Layout: Beate Müller-Behrens
Redaktion: Diane von Weltzien, Schwarzenhof/Christiane Rückel/Susanne Janschitz
Herstellung: Beate Müller-Behrens
Titelbild: AKG, Berlin/Shakoop
Zeichnungen: FALKEN Archiv: S. 51, **Hoffmann** S. 50; alle anderen **Felix Kofron**, Idstein
Bildquellennachweis: Archiv für Kunst und Geschichte, Berlin: S. 59; **Manfred Dimde**, Olfen: S. 13, 17, 24, 25, 27, 34, 37, 43, 48; **dpa** (Deutsche Presse-Agentur GmbH, Frankfurt/M.): S. 67, S. 11 Kumm, S. 55 Biber, S. 57 Menk, S. 65 Wieseler, S. 69 Tschanz/Hofmann, S. 79 Pladeck, S. 85 Bundeswehr, S. 110 Frever; **Image Bank**, München: S. 21 Hans Nelemann, S. 61 Tcherevkoff, S. 90 Peter Grumann; **J. Schwarz**, Idstein: S. 107
Satz: Katja Peteratzinger, DIGITAL-PUBLISHING, Hünfelden-Kirberg
Druck: Ebner Ulm

Die Ratschläge in diesem Buch sind vom Autor und vom Verlag sorgfältig erwogen und geprüft, dennoch kann eine Garantie nicht übernommen werden. Eine Haftung des Autors bzw. des Verlags und seiner Beauftragten für Personen-, Sach- und Vermögensschäden ist ausgeschlossen.

INHALT

VORWORT —————————————————————————————————— 8

MICHEL DE NOTREDAME UND SEINE ZEIT ———————————— 9

Die Welt der Prophetie ————————————————————————— 9
Nostradamus weissagt den Tod des Königs ———————————————— 9
Der Mißbrauch der Nostradamus-Visionen ——————————————— 10
Das Zeitalter Napoleons und der Zweite Weltkrieg im Licht der
Nostradamus-Interpretation ——————————————————————— 11

Nostradamus, der Prophet ——————————————————————— 12
Der Einfluß des Großvaters ——————————————————————— 12
Die Freundschaft mit François Rabelais ———————————————— 13
Jahre der Ruhelosigkeit ————————————————————————— 14
Der erfolgreiche Pestarzt ———————————————————————— 15
Die zweite Heirat ——————————————————————————— 15
Die ersten Veröffentlichungen ————————————————————— 16
Arzt und Vertrauter der Königsfamilie ———————————————— 17
Die letzten Jahre ——————————————————————————— 18

Nostradamus, der Geheimnisvolle ——————————————————— 20
Der geheime Zirkel des Nostradamus ————————————————— 21
Die graue Eminenz der römischen Kirche ——————————————— 23

Das Buch der großen Prophezeiungen ————————————————— 24
Wie es entstand ———————————————————————————— 24
Warum es nur 948 Verse gibt —————————————————————— 26
Die Wahl der Verschlüsselungstechnik ————————————————— 26
Die Suche nach der zeitlichen Zuordnung ——————————————— 27
Die zeitliche Zuordnung der Nostradamus-Verse ———————————— 28

Die Verschlüsselungstechnik des Nostradamus ————————————— 29
Wie Jahre und Verse zusammenpassen ————————————————— 29
Die Gebrauchsanweisung aus den Begleittexten ———————————— 29
Buchstaben und Wörter als Rohmaterial ———————————————— 31

Inhalt

Die Sprachbarriere	32
Die Sprache des Nostradamus	33
Der Sinn mancher Nostradamus-Worte	36

Vom Umgang mit Vorauswissen	38
Hellsehen in der Öffentlichkeit	39
Voraussehen in der Wirtschaft	39
Entscheidungshilfe in der Politik?	40
Was macht Vorauswissen so interessant?	41

DAS 21. JAHRHUNDERT	43

Das Jahrhundert der großen Beweglichkeit	43
Neuartige Beförderungssysteme	44
Kurzfristige Folgen der totalen Mobilität	45
Langfristige Folgen der totalen Mobilität	46
Der Ursprung der Hautfarben	47

Allgemeine Voraussagen	48
Gesundheit für alle und ein langes Leben	48
Wohlstand für alle	52

Weltbewegende Erfindungen	60
Nostradamus und die Technik	60
Eine neue Energiequelle	61
Die Urformel der Schöpfung	67
Die Eroberung des Weltraums	69

Die Länder im 21. Jahrhundert	75
Die Länder Europas	75
Die Länder Asiens	84

Mächte und Massen im 21. Jahrhundert	86
Wer bestimmt die Geschicke der Menschheit?	86
Welche Nationen werden tonangebend sein?	87
Die Weltmächte der Zukunft	89
Alle Menschen sind gleich!	89
Wer sind Wolf, Löwe, Stier und Esel?	90

Die Mächtigen des 21. Jahrhunderts ——————————— 91
Der mohammedanische Staatenbund ——————————— 91
Der Weltkonflikt im neuen Jahrtausend ——————————— 92
Eine erfolgreiche Friedensmission ——————————— 93
Das „goldene Zeitalter" ——————————— 95
Das letzte Viertel des 21. Jahrhunderts ——————————— 97

Krieg und Frieden im 21. Jahrhundert ——————————— 98
Eine Bemerkung im voraus ——————————— 98
Der erste globale Krieg ——————————— 99
Rachefeldzug gegen die Moslems ——————————— 102
Die Nachkriegszeit ——————————— 103
Die Zeit der Klimaveränderungen ——————————— 104
Friedenszeit ——————————— 106
Das computergesteuerte System der Friedenssicherung ——————————— 108

ANHANG ——————————— 112

DIE 100 SCHLAGZEILEN IN DEN VERSEN FÜR DAS 21. JAHRHUNDERT ——————————— 112

DER FRANZÖSISCHE ORIGINALTEXT DER VERSE FÜR DAS 21. JAHRHUNDERT ——— 118

DIE DEUTSCHE ÜBERSETZUNG DER VERSE FÜR DAS 21. JAHRHUNDERT ——————————— 138

BIBLIOGRAPHIE ——————————— 156

VORWORT

Mit dem Namen Nostradamus verbinden viele Menschen in aller Welt Prophezeiungen, die in schwer verständlichen Worten von ihm niedergeschrieben wurden. Seit rund 450 Jahren versuchen Autoren, Licht in sein Werk der Prophetie zu bringen, um genau sagen zu können, was uns erwartet, welches Ereignis er gemeint und welche Persönlichkeit, die künftig in die Geschichte eingehen wird, er beschrieben haben könnte. Ist es nicht legitim, daß wir zu Beginn des 3. Jahrtausends der christlichen Zeitrechnung versuchen, einen Blick in seinen Almanach der Zukunft zu werfen, und daß wir uns die Entwicklung in den nächsten hundert Jahren vor Augen führen wollen?

Mit diesem Buch lade ich Sie ein, mit mir einen Streifzug durch die Texte zu machen, die Nostradamus für das 21. Jahrhundert hinterlassen hat. Möglich ist dies dadurch geworden, daß die Texte des Sehers aus Südfrankreich wieder in die ursprüngliche Zeitordnung gebracht werden können. So kann man heute genau den Text identifizieren, der für ein bestimmtes Jahr zwischen 1555 und 3797 niedergeschrieben wurde. (Im Anhang finden Sie diesen Text ab Seite 118.)

Alles geht weiter! Ob Christen das 2 000ste von ihnen gezählte Jahr, Moslime das 1 500ste oder Buddhisten das 2 500ste feiern – wer kann uns garantieren, daß solche Zählungen in der Dauer der Zeit des Universums überhaupt zur Kenntnis genommen werden? Daß der Krümel Materie, den wir Erde nennen, das 2 000ste Jahr übersteht, werden diejenigen meiner Leser, die dieses Buch nach dem Jahr 2000 lesen, ohnehin wissen. Eine Frage stellt sich uns allen: Wie geht es weiter? Und wie geht es weiter? Äußerlich immer rasanter und kolossaler durch die Entdeckung einer neuen Energiequelle. Gleichzeitig werden auch innere Werte immer wichtiger, und es gibt viel Freiraum für die persönliche Entfaltung. Kaum zu glauben, aber wir werden alle noch die Geburtswehen dieser neuen Zeit miterleben. Genießen werden sie unsere Nachfahren, die in den nächsten Jahrhunderten geboren werden.

An dieser Stelle möchte ich mich bei allen bedanken, die an diesem Buch gestaltend mitgearbeitet haben, um ein „wirklich anderes" Nostradamus-Buch zu schaffen. Ihnen und allen Leserinnen und Lesern wünsche ich interessante Stunden mit diesem Buch und viele gute Jahre im neuen Jahrtausend nach unserer Zeitrechnung.

Manfred Dimde
Sommer 1998

MICHEL DE NOTREDAME UND SEINE ZEIT

DIE WELT DER PROPHETIE

Haben Sie sich schon einmal Gedanken darüber gemacht, woran es wohl liegen mag, daß es sowohl in der jüdischen als auch in der christlichen Welt seit vielen, vielen Jahren keine Propheten mehr gegeben hat? Die Ursache hierfür ist die schlechte Erfahrung, welche die Mächtigen mit den Propheten machten, denn Weissagung wurde meist als politisches Instrument der Opposition und des Widerstands mißbraucht.

Propheten und ihre Visionen können politisch zur Beeinflussung der öffentlichen Meinung eingesetzt werden, vor allem dann, wenn über eine überschaubare Zeitperiode die Vorhersagen tatsächlich eingetroffen sind. In der geschichtlichen Zeit, welche das Alte Testament überliefert, hatten Propheten solche Macht, daß sie durch ihren öffentlichen Auftritt aus Hirtenknaben Könige machen konnten. Die frühen christlichen Gemeinden vermieden es, „Propheten aus den eigenen Reihen" anzuerkennen, denn nachdem Jesus am Kreuz gestorben war, gab es nichts weiter zu tun, als auf seine bevorstehende Rückkehr zu warten. Diese Auffassung hat die Christenheit nachhaltig geprägt.

Bis gegen Ende der Renaissance im Jahre 1503 Michel de Notredame geboren wurde. Er ist heute als Prophet anerkannt, obwohl er auf den ersten Blick kein einziges klares, d. h. unverschlüsseltes Wort der Weissagung hinterlassen hat.

NOSTRADAMUS WEISSAGT DEN TOD DES KÖNIGS

Die ersten Versuche, mittels der Visionen des Michel de Notredame Einfluß auf das politische Geschehen zu nehmen, gab es bereits zu seinen Lebzeiten. Das bekannteste Beispiel dürfte wohl jene Vision sein, in welcher der Seher den Tod des französischen Königs Heinrich II. vorhersagte.

Im Jahre 1559, anläßlich der Hochzeitsfeierlichkeiten seiner Tochter, die mit dem spanischen König, Philip II., vermählt wurde, veranstaltete Heinrich II. ein Ritterspiel. Im Verlauf dieses Turniers stieg Heinrich II. selbst in den Sattel. Er ritt auf seinen Gegner zu, einen jungen englischen Adeligen, um mit ihm die Lanze zu brechen. Die Lanze barst, und ein Holzsplitter drang dem König durchs Auge ins Gehirn.

Es ist überliefert, daß die Zuschauer, die Höflinge Heinrichs II., den Seher Nostradamus verfluchten, weil er bereits 1555 in Vers I,72 eine Vision niedergeschrieben hatte, die in Beziehung zum Turniertod des Königs gesetzt werden konnte. Dieser tragische Vorfall wird seither in der Nostradamus-Literatur als Beispiel für eine eingetroffene Vision angeführt.

Warum verfluchten die Höflinge Nostradamus? Waren sie der Ansicht, daß der Mann aus der Provence den König hätte warnen müssen? Gaben sie ihm die Schuld, weil sie ihn als den Mann im Hintergrund ansahen, der die Versöhnung Frankreichs mit Spanien angeregt hatte? Sein Einfluß auf Heinrich II. und seine Gemahlin Katharina von Medici war bekannt. Der Anlaß für das unglückselige Turnier war die Hochzeit, und diese hatte Nostradamus als Versöhnungsgeste zwischen Frankreich und Spanien empfohlen.

Man könnte den Zorn des Volkes auf Nostradamus auch anders erklären. Zum Beispiel mit der allgemeinen Ansicht, daß „ein Seher für das Geschaute" verantwortlich ist, so als ob er durch die öffentliche Bekanntgabe seiner Vorhersage ihr Eintreffen verursacht habe.

DER MISSBRAUCH DER NOSTRADAMUS-VISIONEN

Nostradamus' Weissagungen wurden auch in den Jahren nach König Heinrichs II. Tod und weit über sein eigenes Todesjahr 1566 hinaus von den Politikern Frankreichs mißbraucht. Es ist bekannt, daß die Gesandten am französischen Hof, neben ihrer Tätigkeit als Vertreter ihrer Fürsten, auch über den Hofklatsch und die Intrigen zu berichten hatten. Überliefert sind beispielsweise die Berichte des Gesandten von Venedig. Aus ihnen geht hervor, daß die ersten 342 Verse von Nostradamus, die er im März 1555 niedergeschrieben und im Mai desselben Jahres veröffentlicht hatte, ständig mit der Situation am französischen Hof verglichen wurden. So hoffte man, Politik ohne Risiko für Leib und Leben zu machen.

Was steckte dahinter? Es war an allen Höfen und zu allen Zeiten gefährlich, gegen die Herrschenden zu intrigieren. Spione und Spitzel lauerten überall. Da kam den Höflingen das Buch des Nostradamus gerade recht. Sie konnten sich beliebig Verse herausgreifen, um sie für die eigenen Intrigen gezielt einzusetzen. Wenn zum Beispiel der König einen Nebenbuhler hatte umbringen lassen, dann wurde dies mit einem Text des Nostradamus erklärt, in dem es sinngemäß heißt: „Der König machte seine Königin zur Witwe." So konnte man, indem man Nostradamus nach Belieben zitierte und interpretierte, Gesprächsstoffe des eigenen Interesses in die Diskussion mit anderen Höflingen einbringen und lief nicht Gefahr, dafür verfolgt zu werden, denn „man hatte ja lediglich den Seher zitiert!"

DAS ZEITALTER NAPOLEONS UND DER ZWEITE WELTKRIEG IM LICHT DER NOSTRADAMUS-INTERPRETATION

Der Gebrauch der Nostradamus-Verse war für die geschilderte Art der Konversation bis in unsere Tage gut. Einen neuen Höhepunkt erlebte die Nostradamus-Interpretation in der Zeit Napoleons.

Aus den Anmerkungen früher Nostradamus-Forscher geht hervor, daß man in der Zeit von 1787 bis 1820 fast 600 Verse, also etwa ⅔ der rund 1 000 Verse des Nostradamus, in Beziehung zur Französischen Revolution und zu Napoleons Kaiserreich setzte. Sogar Napoleon selbst nutzte die Verse, um seine Berufung zum Kaiser als den Willen des Schicksals oder Gottes auszulegen. Zur selben Zeit bemühten sich die europäischen Adeligen in ihren Salons in den Weissagungen des Nostradamus Hinweise auf Napoleons Untergang zu finden.

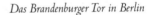

Das Brandenburger Tor in Berlin

Michel de Notredame

Vor fünfzig Jahren, während des Zweiten Weltkriegs, gab es den Versuch seitens der Nazi-Propaganda, Nostradamus-Verse als Beweis für das Eintreffen des Endsiegs heranzuziehen. Vers 90 aus der IX. Centurie wurde mit „Ein Führer des Großdeutschen Reichs wird kommen um Hilfe zu leisten" übersetzt und als Hitlers Endsieg interpretiert. Tatsächlich aber bezieht sich der Vers auf das Jahr 1990 und lautet: „Ein Kapitän des größeren Deutschland wird sich begeben, um Hilfe vorzutäuschen." Daß hiermit eine Szene aus der deutschen Wiedervereinigung von 1989/90 beschrieben wird, ist nicht zu bezweifeln.

England und die USA benutzten vor und während des Zweiten Weltkriegs ebenfalls Nostradamus-Verse, um die bevorstehende Niederlage Hitler-Deutschlands zu „beweisen". Bis in die heutige Zeit versuchen Autoren, die Details der Nazi-Schreckensherrschaft in den Versen des großen Sehers zu erkennen, um damit seine Glaubwürdigkeit zu dokumentieren.

Doch die meisten Nostradamus-Forscher lassen außer acht, daß der Seher jeden seiner vierzeiligen Verse einem einzigen Jahr zugeordnet hat.

NOSTRADAMUS, DER PROPHET

DER EINFLUSS DES GROSSVATERS

Michel de Notredame wurde am 14. Dezember 1503 zum Klang der Mittagsglocken der nahegelegenen Templer-Kirche Saint Martin geboren. Sein Geburtsort Saint-Rémy liegt knapp 30 Kilometer von der damaligen Weltstadt Avignon entfernt. Michel war der Erstgeborene von insgesamt 17 Kindern der sehr ehrenwerten, angesehenen und wohlhabenden Familie de Notredame.

Der Großvater war Leibarzt des in Saint-Rémy lebenden „Titularkönigs" von Jerusalem. Aus den Unterlagen, die in verschiedenen Notariatsarchiven in Südfrankreich erhalten geblieben sind, geht hervor, daß sich der Großvater zum Zeitpunkt von Nostradamus' Geburt bereits als Arzt zur Ruhe gesetzt hatte. Er konnte sich also seinem ersten Enkel besonders widmen und wurde als erster auf seine Talente aufmerksam.

Aus anderen Quellen ist bekannt, daß der junge Nostradamus eine ganz außerordentliche Begabung besaß: Er brauchte einen Text nur einmal zu überfliegen und konnte ihn sofort auswendig wiederholen. Seine Gedächtnisleistung muß phänomenal gewesen sein.

Offenbar war der Einfluß des Großvaters nicht unbedeutend, denn als einziges Mitglied der Familie de Notredame wird Michel Arzt. Außerdem interessierte er sich für Astronomie. Seine Mitschüler nannten ihn den „jungen Astrologen", weil

er ihnen ständig die Geheimnisse und das Wesen von Kometen, Sternen und Sternbildern erklären wollte. Auch dieses Wissen hatte er der persönlichen Ausbildung durch seinen Großvater zu verdanken.
Der Tod des Großvaters im Jahre 1518 muß für den Fünfzehnjährigen das erste einschneidende Ereignis seines Lebens gewesen sein. Auffallend ist, daß er sich ab diesem Zeitpunkt nur noch sehr selten im Haus der Familie aufhielt. Mit 16 Jahren – in der damals kurzlebigen Zeit hatte man dann die Hälfte seines Lebens bereits hinter sich – nahm er sein Studium in Avignon auf. Den größten Teil der nächsten zehn Jahre verbrachte er jedoch vorwiegend in Montpellier, wo er schließlich als Doktor der Medizin bestätigt wurde.

DIE FREUNDSCHAFT MIT FRANÇOIS RABELAIS

Zum Ende seines Medizinstudiums hielt sich dort ein gewisser François Rabelais (1494–1553) auf, ein hochbegabter, sprachkundiger Franziskaner-Mönch, der ebenfalls seine Medizinstudien hier beendete. Dieser, der wie Michel de Notredame des Altgriechischen mächtig war und später als Schriftsteller, Arzt und Humanist berühmt wurde, muß tiefen Eindruck auf den jungen Seher gemacht und ihn entscheidend geprägt haben.
Rabelais, der in die französische Literatur als Autor der zeitkritischen Romane über die Riesen Pantagruel und Gargantua eingegangen ist, dürfte Michel de Notredame später in den Beraterkreis des Papstes eingeführt haben, dem er selbst angehörte. Die Anzeichen sprechen sogar dafür, daß Nostradamus von ihm systematisch zu seinem Nachfolger aufgebaut wurde. Es fällt auf, daß Nostradamus zwar schon vorher verschiedene Schriften prophetischen Inhalts veröffentlichte, aber erst in dem Augenblick in die Öffentlichkeit trat, als Rabelais am französischen Hof in Ungnade fiel und einige Zeit später starb. Nachdenklich stimmt auch, daß François Rabelais zwar heimlich, aber doch auch mit großem rituellen Aufwand in Paris beerdigt wurde. Nach seinem Tod war es Nostradamus' Aufgabe, mit den Mächtigen in Frankreich zu verkehren.
Während Michel de Notredames Studienzeit wüteten in Südfrankreich zahlreiche Epidemien, welche damals wie unter einem Sammelbegriff als Pest bezeichnet

Rabelais im Jahre 1552

wurden. Aus einem Archiv der Stadt Salon-de-Provence geht hervor, daß in jener Zeit die Bevölkerung in der Stadt durch Epidemien von rund 6 500 auf 1 700 reduziert wurde! Der Schock in der Bevölkerung saß folglich tief, und „die Angst hatte am Tisch Platz genommen", um die Situation im Stil des Nostradamus zu beschreiben.

Die jungen Ärzte Michel de Notredame und François Rabelais ließen sich in Agen nieder. Beide heirateten, Rabelais mit einer Ausnahmegenehmigung des Papstes. Die Tragödie nahm ihren Lauf, als drei Jahre später beide Männer während einer Pestepidemie ihre jungen Ehefrauen und Nostradamus seine beiden Kinder verlor. Rabelais kehrte ins Kloster zurück, und der unglückliche Michel de Notredame sah sich plötzlich auch noch in einen Prozeß mit seinen Schwiegereltern verwickelt. In dieser Auseinandersetzung ging es um die zweite Rate der Mitgift seiner Frau, die nicht rechtzeitig ausbezahlt worden war und nun, nach ihrem Tod, eingespart werden sollte.

JAHRE DER RUHELOSIGKEIT

Von Michel de Notredame wird berichtet, daß er sich anschließend in Nordfrankreich, angeblich auch in Köln, aufgehalten haben soll. Auch in Toulouse stößt man auf seine Spuren, wo er sich mit der Herstellung von Kosmetika, Parfüm, potenzsteigernden Mittelchen und Verjüngungselixieren sein Geld verdiente.

Doch die folgenden Jahre seiner Biographie bleiben im dunkeln. Wo sich der große Seher bis 1545 aufgehalten hat, geht aus keiner der ohnehin nicht eben zahlreichen Quellen hervor. Es gibt jedoch zwei Hypothesen, die beide gleichermaßen zutreffend sein könnten.

Zum einen tat sich in der Zeit, in der man über Michel de Notredame nichts in Erfahrung bringen kann, ein Mönch namens Orvalius in einem Kloster namens Orval als Heiler und Zukunftsseher hervor. Er wurde rasch über das Einzugsgebiet seines Klosters hinaus bekannt. Durch den großen Zulauf entwickelte sich Orval rasch zu einem Wallfahrtsort. Doch von heute auf morgen verschwand der Mönch. Etwa zur gleichen Zeit tauchte Nostradamus wieder auf.

Zum anderen gibt es die Hypothese, daß Michel de Notredame über Salamanca nach Fez im heutigen Marokko reiste. Dort befand sich eine Universität für judizielle Astrologie. Anschließend bereiste er die Länder um das Mittelmeer und kehrte über Rom, Mailand und Nizza nach Aix-en-Provence zurück. Für diese These spricht die Tatsache, daß Nostradamus tatsächlich die judizielle Astrologie beherrschte. Diese konnte er nur von seinem Großvater oder aber in Fez erlernt haben. Untermauert wird sie ferner durch den belegten Vorsatz des Michel de Notredame, ein Buch über Ägypten, genauer über den ägyptischen Gott Horus, zu schreiben. Der handschriftliche Entwurf der Titelseite zu diesem Buch ist für die Nachwelt erhalten geblieben. Außerdem steht fest, daß Nostradamus bemerkenswert viele Details aus dem Islam kannte, daß er in seinen Prophezeiungen das Wort Byzanz oft wertend gebraucht und daß er tatsächlich in Ägypten war. Also liegt eine längere Reise durch die Länder am Mittelmeer durchaus im Bereich des Wahrscheinlichen.

DER ERFOLGREICHE PESTARZT

1545 war in Aix-en-Provence die „Pest" ausgebrochen, soweit es sich heute noch feststellen läßt, muß es sich um eine Keuchhustenepidemie gehandelt haben. Michel de Notredame, inzwischen 42 Jahre alt, verläßt Marseille auf dem schnellsten Weg. Daß er sich dort aufhielt, weiß man aus Akten, in denen vermerkt wurde, daß der Seher die ansässigen Apotheker als Scharlatane bezeichnet hatte. In Aix-en-Provence betätigte er sich als Seuchenarzt und Apotheker, indem er genaue Anweisungen gab, wie die Krankheit zu bekämpfen sei. Außerdem produzierte er eine Art Puder, welches aus blauem Ambra und aus Rosenöl bestand, und in gleicher Zusammensetzung Lutschpastillen. Seiner Anordnung zufolge war das Puder in die Kleider zu streuen und laufend zu erneuern, die Pastillen mußten ohne Unterlaß gelutscht werden. Mit diesen Mitteln befreite Michel de Notredame die Stadt von der „Pest".

Solche Erfolge sprachen sich schnell herum, und schon bald erhielt Michel de Notredame einen Hilferuf aus Salon-de-Provence, welches etwa eine Tagesreise entfernt lag. Der Arzt wiederholte die bereits beschriebene Vorgehensweise mit gleichem Erfolg auch an diesem Ort.

Mittlerweile hatte die Epidemie Lyon erreicht und Nostradamus begab sich dorthin, um seine bewährte Behandlungsmethode, den Puder und die Lutschpastillen, auch dort zu verkaufen.

DIE ZWEITE HEIRAT

Nachdem es in Lyon nichts mehr für ihn zu tun gab, kehrte Michel de Notredame offenbar in den Raum Saint-Rémy und Salon-de-Provence und damit zu seinen Geschwistern zurück. In Salon hatte sich einer seiner Brüder, Bertram de Notredame, mit seiner Frau Thominée niedergelassen. Bertram war dort Stadthauptmann.

Es ist durchaus denkbar, daß er in weiser Voraussicht für alle in der Zukunft zu erwartenden Epidemien einen erfahrenen und erfolgreichen Medikus an seine Stadt binden wollte. Vielleicht war es jedoch auch seine Absicht, dem seit dem Tod seiner Familie entwurzelten Michel de Notredame wieder eine Heimat zu geben. Welches auch Bertrams Motive gewesen sein mögen, jedenfalls fädelten er und seine Frau unter Nutzung ihrer Verbindungen für den Bruder Michel die Bekanntschaft mit einer jungen, kinderlosen Witwe aus guter Familie ein. Am 11. November 1547 wurde der Heiratsvertrag mit Anne Ponsard, Tochter von Pascale und Thomasée Arnaud, geschlossen.

Zum Zeitpunkt seiner zweiten Eheschließung muß Michel de Notredame, trotz seiner Erfolge als Pestarzt, ohne Vermögen gewesen sein, denn sein Onkel Pierre sicherte ihm im Ehevertrag standesgemäße Kleidung und ein Pferd für die Ausübung seiner Tätigkeit als Arzt zu. Ruft man sich in Erinnerung, wie und wo er die Jahre vor seiner Zeit in Aix-en-Provence verbracht haben mag, dann scheint dies durchaus nachvollziehbar. Weder im Kloster in Orval noch auf einer Reise durch die Mittelmeerländer hätte Michel de Notredame die Gelegenheit gehabt, Reichtum zu erlangen.

Für die Beurteilung der folgenden Ereignisse ist es wichtig, im Gedächtnis zu behalten, daß Michel de Notredame zu diesem Zeitpunkt ein armer Mann war. Denn als er 1566, also 19 Jahre später, starb, war er mehrfacher Millionär und vermutlich der reichste Mann der Provence, der es sich sogar leisten konnte, dem Land einen 16 Kilometer langen, schiffbaren Bewässerungskanal zu schenken und dieses auch für damalige Verhältnisse große Projekt in drei Raten zu bezahlen.

Am 26. November 1547 wurde die Hochzeit gefeiert. Aus der Ehe gingen insgesamt sechs Kinder hervor, drei Söhne und drei Töchter: Madeleine (1551), César (1553), Charles (1556), André (1557), Anne (1558) und Diane (1561).

DIE ERSTEN VERÖFFENTLICHUNGEN

Ab 1550 begann Nostradamus in regelmäßigen Abständen kleine Schriften zu veröffentlichen, die den Leser darin berieten, wie man gesund bleiben kann, Potenzmittel herstellt, Marmelade einkocht und dergleichen mehr. Außerdem wurde der Seher durch die Herausgabe eines damals sehr beliebten Almanachs bekannt. Dieser enthielt Prognosen für das laufende Jahr, traf Aussagen über das Wetter, die Pest, die zu erwartende Ernte, über Krieg und Frieden und machte Aussagen über astrologische Konstellationen wie etwa über bevorstehende Kometenerscheinungen als Unglückskünder.

Es ist bekannt, daß Nostradamus nur vier Stunden Schlaf benötigte. Daher verbrachte er einen Großteil der Nacht auf dem Ausguck seines Hauses und beobachtete mit seinen Instrumenten den Weg der Sterne. Für ihn als Arzt war die Beschäftigung mit der Astronomie eine gute Werbung. Denn in der Renaissance vertrat man die Auffassung, daß Gott mit Hilfe der Planeten die Strafen für die sündigen Menschen an den Himmel schreibt.

Mit der Herausgabe der ersten Jahrbücher unter dem Titel „Almanach vom Jahre ...‚ mit den Vorhersagen und Berechnungen und Erklärungen von Michel Nostradamus, Arzt und Astrologe in Salon de Crau en Provence" erreichte der

Name Nostradamus bald einen großen Bekanntheitsgrad. Unter dem Titel befand sich in etwas kleinerer Schrift jeweils ein vierzeiliger Vers, welcher die Prophezeiung für das kommende Jahr enthielt.

Seit 1554 veröffentlichte Michel de Notredame parallel zum Almanach eine Serie von Broschüren, die nur Vorhersagen enthielten. Ihr Titel lautete: „Die großen Vorhersagen, geschaffen durch Michel de Notredame, Arzt in Salon de Crau en Provence". Und im Frühjahr 1555 erschien bei Macée Bonhomme in Lyon die erste Auflage der „Großen Prophezeiungen". Diese Erstausgabe enthält die ersten drei Centurien und die vierte Centurie bis zum 53. Vers, also insgesamt 353 Verse. Innerhalb kurzer Zeit kam es zu drei Auflagen des Werkes. Am 3. November 1557 gelangte die vierte, erweiterte Auflage in die Hände der Leser. Sie enthielt nun insgesamt sechs Centurien und die siebte bis zum 42. Vers.

ARZT UND VERTRAUTER DER KÖNIGSFAMILIE

Erfolg verhilft zu Aufsehen! Und so konnte es nicht ausbleiben, daß der französische Königshof auf Nostradamus aufmerksam wurde. Dies stand schon allein deshalb zu erwarten, da der Seher die Herrschenden und Regierenden in seinen Prophezeiungen erwähnt. Und da er dies, seiner Art gemäß, in doppelsinnigen Versen und für die Leser auf vermeintlich positive Weise tat, blieb es nicht aus, daß das französische Königspaar auf ihn aufmerksam wurde.

Von 1547 bis 1559 war Heinrich II. König in Frankreich. Katharina von Medici, seine Königin, hatte offenbar eine der ersten Ausgaben der „großen Prophezeiungen" des Nostradamus gelesen und schrieb daher an den königlichen Statthalter in der Provence, Graf Claude de Tande, daß „der König diese Person zu sehen wünscht!"

De Tande, der Michel de Notredame sehr schätzte, überbrachte die Einladung des Königs, und bereits am 14. Juli 1555 machte sich Nostradamus auf den Weg, um über Lyon nach Paris zu reisen, wo er am 15. August eintraf. Unmittelbar nach seiner Ankunft schickte der König

Heinrich II., König von Frankreich

dem Seher seinen Hofmarschall Anne de Montmorency in die Herberge, damit dieser Nostradamus auf seinen Auftritt bei Hofe vorbereitet.

Die Einführung bei Hofe fiel für Michel de Notredame positiv aus, denn der König und die Königin, scheinbar tief beeindruckt, honorierten sein Erscheinen mit 100 Goldkronen — auch damals schon ein traumhafter Lohn. Außerdem war sie der Beginn einer bemerkenswerten Karriere. Vom französischen Königspaar akzeptiert, sonnten sich hinfort viele Adelige in seiner Gegenwart. Auf zahlreichen Festen, an denen auch das Königspaar teilnahm, stand Nostradamus im Mittelpunkt.

Nach diesem ersten Aufenthalt am französischen Hof hielt Nostradamus auch weiterhin engen Kontakt zur Königsfamilie. Darüber hinaus führten ihn seine Reisen nun auch oft nach Oberitalien, und er war nun ständig in Lyon anzutreffen.

Auch der Tod Heinrichs II. im Jahre 1559 änderte für Michel de Notredame wenig. Als der älteste Sohn, Franz II., nach einjähriger Regierung einem Giftanschlag zum Opfer fiel, mußte der erst zehnjährige spätere Karl IX. den Thron Frankreichs besteigen. Katharina von Medici erhielt all die Zeit den einmal geknüpften Kontakt aufrecht, besuchte Nostradamus sogar in Salon-de-Provence und machte ihn schließlich zum geheimen Berater und Leibarzt des noch unmündigen Königs.

Im Herbst 1564 stattete der junge Karl IX. selbst Michel des Notredame einen Besuch in Salon-de-Provence ab. Anhand der Schilderung eines Höflings läßt sich leicht ermessen, welche Bedeutung der Aufenthalt des königlichen Gasts in einer kleinen Stadt wie Salon hatte: „Der König hielt sich drei Wochen in Salon auf. Am 16. Oktober 1564 speiste er im Château Renard in Saint-Rémy und schlief dort. Am nächsten Tag begab er sich auf den Weg nach Salon. Ihre Majestät kam dort am selben Tag des 17. Oktober um drei Uhr nachmittags an. Ihre Majestät wurde krank. In ihrer Begleitung befanden sich 500 Personen. Die kleine Stadt war viel zu eng für so viele anspruchsvolle Gäste, so daß die Unterbringung des einzelnen eine einzige Katastrophe war."

DIE LETZTEN JAHRE

Über die letzten Monate im Leben des Nostradamus hat sein Sohn César einen Bericht hinterlassen. Ihm zufolge litt der Vater unter Rheuma, Gicht und Arteriosklerose und unter den mit diesen Krankheiten einhergehenden Symptomen. Die damals zur Verfügung stehenden Naturarzneien konnten dem Seher schon bald keine Linderung mehr verschaffen, und Nostradamus hielt nichts davon, zur Ader gelassen zu werden. Zu allem übrigen Leid kam bald die Wassersucht, welche schließlich die Lungen erfaßte. Nun fühlte Nostradamus selbst seinen Tod nahen.

Nostradamus, der Prophet

Am 17. Juni 1566 bestellte Michel de Notredame den Notar M. J. Roche zu sich, der nach einer ersten Vorbesprechung das Testament nach seinen Wünschen ausfertigte. Der sterbende Nostradamus machte seine engsten Freunde zu Testamentsvollstreckern, denn er wollte sichergehen, daß sowohl seine Frau als auch seine sechs Kinder gut versorgt waren. Das Vermögen, welches der Seher aufteilen konnte, war, wie bereits erwähnt, beträchtlich. Was die Originalhandschriften seiner Prophezeiungen betraf, so verfügte er im Testament, daß dasjenige seiner Kinder die verschnürten Pergamentbündel erhalten sollte, welches sich am meisten dafür interessierte. Bisher gingen alle Nostradamus-Forscher, auch ich, wie selbstverständlich davon aus, daß sein Sohn César de Notredame die Manuskripte an sich genommen haben muß. Doch diese Annahme scheint falsch zu sein. Einige Jahre nach Michel de Notredames Tod wurde seine Tochter Diane unter der Protektion der Königin mit einem Baron de Sève aus Beaucaire verheiratet. Sie scheint im Besitz der Originale gewesen zu sein, denn 1605, anläßlich des fünfzigsten Jahrestags der Erstveröffentlichung der ersten 342 Verse, veröffentlichte ein Vincent de Sève erstmals die vollständigen 942 Verse des Nostradamus.

Drei Tage, nachdem Nostradamus sein Testament gemacht hatte, versammelte er nochmals alle Menschen, die ihm nahestanden, um sich. Allen Anwesenden schenkte er kleine Erinnerungsgaben. Anschließend beichtete er bei seinem langjährigen Freund, Pater Vidal, dem Abt der Barmherzigen Brüder in Salon-de-Provence, und erhielt die heiligen Sterbesakramente der römischen Kirche. In der Nacht vom 1. auf den 2. Juli 1566 starb Nostradamus. Noch am gleichen Tage wurde er in einer feierlichen Prozession ins Kloster der Barmherzigen Brüder gebracht, wo er sich eine Grabstelle gekauft hatte, und stehend beigesetzt. Nach altem Brauch legte man all seine während seines Lebens veröffentlichten Schriften mit in sein Grab, damit er vor dem Jüngsten Gericht die Dokumente zur Rechtfertigung seines Tuns zur Hand hat. Seine Witwe, so beschreibt es sein Sohn César, ließ eine Grabplatte nach italienischem Vorbild mit dem folgenden Text anbringen:

D.O.M. Clarissimi ossa michaelis nostradami unius omnium mortalium iudicio digni civis pene divino calamo totius orbis ex astrorum influxu futuri eventus conscriberentur. Vixit annos LXII menses VI dies XVII. obiit salone anno MDLXVI quietem posteri ne invidete. Anna Pontia Gemella salonia coniugi optat v. felicit.

Hier die Übersetzung der Grabinschrift:

> „Dem besten höchsten Gott geweiht. Hier ruhen in Frieden die Gebeine des einzig guten Michael Nostradamus, der von allen geachtet, würdig befunden war zu schreiben die von göttlicher Feder durch den Lauf der Sterne bestimmten, künftigen Ereignisse des Erdkreises. Gestorben im Alter von 62 Jahren, 6 Monaten und 17 Tagen in Salon im Jahre 1566. Nachkommende stört nicht seine Ruhe. Anna Pontia Gemella zu Salon wünscht Dir die ewige Seligkeit."

Rund 250 Jahre konnte der Seher in Frieden ruhen, bis während der Französischen Revolution sein Grab durch Jakobiner aus Marseille im Zuge der Plünderung des Klosters geöffnet und die Gebeine und Bücher auf dem Fußboden der Kirche verstreut wurden. Der damalige Bürgermeister von Salon-de-Provence sammelte die sterblichen Überreste des Michel de Notredame wieder ein und ließ sie später in der Kirche von Saint-Laurent in einer Wand einmauern. Die Bücher des Nostradamus bewahrte man hinfort im Stadtarchiv auf. 1946 wurden sie zusammen mit rund 5 000 anderen Dokumenten von US-Offizieren in die USA verbracht.

Bis Anfang der achtziger Jahre kümmerte sich die Gemeinde von Salon-de-Provence nicht um ihren großen Sohn Nostradamus. Ein Tischlermeister kaufte die baufälligen Reste des einstigen Nostradamus-Hauses und restaurierte es in Eigenarbeit so gut er konnte. Inzwischen jedoch hat Salon-de-Provence Nostradamus als Touristenattraktion entdeckt, und jedes Jahr im Sommer finden die sogenannten Nostradamus-Tage statt.

NOSTRADAMUS, DER GEHEIMNISVOLLE

Seit ich 1986 den Schlüssel zu den Versen des Michel de Notredame fand, entwickelten sich meine weiteren Recherchen immer mehr zu einem spannenden Roman, in dem Kreuzritter, Templer, der Vatikan, die bedeutendsten klösterlichen Orden des Mittelalters und der Renaissance, die Medici, der französische Hof, der Gründer des englischen Geheimdiensts, Sir Francis Walsingham, und am Rande auch Paracelsus und die Habsburger vorkommen. Anfangs war ich, wie die meisten Autoren vor mir, noch der Meinung, daß es sich bei Nostradamus um einen

Nostradamus, der Geheimnisvolle

Einzelgänger handelte, der für sich allein, in einer stillen Kammer arbeitete und dort mit Hilfe einer Schüssel voll Wasser seine Visionen hatte. Doch meine Nachforschungen brachten Schritt um Schritt einen ganz anderen Nostradamus zum Vorschein. Dieser scheinbar weltfremde Eigenbrötler aus der Provence war in Wirklichkeit die graue Eminenz an den Höfen Spaniens, Italiens und Frankreichs. Diesen bedeutenden Einfluß übte er nicht persönlich aus, sondern über die Mitglieder eines, wie er schreibt, „geheimen philosophischen Zirkels", dessen Sitz in Lyon und in Mailand war. Seit 1558 war Nostradamus der Prior dieser Vereinigung. Doch wer gehörte diesem mysteriösen philosophischen Zirkel an?

DER GEHEIME ZIRKEL DES NOSTRADAMUS
Die erste Teilausgabe der „Großen Prophezeiungen" des Nostradamus erschien 1555 bei Macée Bonhomme in Lyon, der mit Sicherheit ein Mitglied der geheimen Gesellschaft war. Sein Name enthält darüber hinaus interessante, versteckte Hinweise auf die geistigen Inhalte des Zirkels.

DER EINFLUSS DER KATHARER: „Bonhommes", also Gutleute, nannten sich in Südfrankreich die Katharer oder Albigenser, die aufgrund ihrer dualistischen Glaubensauffassung von der Kirche als Ketzer verfolgt wurden. Im 12. und 13. Jahrhundert waren sie vor allem im Languedoc verbreitet, bis sie in einem

Michel de Notredame

Kreuzzug, der 1244 im Fall der Burg Montségur seinen Abschluß fand, fast vollständig vernichtet wurden. Lediglich in den Pyrenäen und in Norditalien und später in den großen Städten wie in Mailand, Genua und Verona konnten sich kleine katharische Glaubensgemeinschaften noch etwas länger halten. Möglicherweise kam Nostradamus, der sich oft in Mailand und Norditalien aufhielt, dort mit katharischem Gedankengut in Berührung. Oder aber dies geschah tatsächlich in Lyon, in der Stadt der Buchdrucker, über seinen Verleger Macée Bonhomme. Mehrmals hielt sich Michel de Notredame auf der Durchreise nach Paris längere Zeit bei diesem Mitglied des geheimen Zirkels in Lyon auf.

DAS SPIEL MIT DEN NAMEN: Angehörige von geheimen Bruderschaften wählten in der Renaissance und auch später gerne „Künstlernamen", anhand derer Eingeweihte erkennen konnten, welchen Rang sie innerhalb der Bruderschaft einnahmen. Durch symbolische Handzeichen und geheime Kodewörter signalisierte man, wer man war und stellte somit von vornherein klar, ob Vertrauen angebracht war oder nicht. Auch Visitenkarten konnten ein solches Hilfsmittel sein. Von Michel de Notredame existiert noch eine Visitenkarte von 1555, jene, die er bei seinem ersten Besuch am Hofe Heinrich II. verwendete. Auf ihr fällt auf, daß ein „C" durch größeren Druck besonders hervorgehoben ist. Dies mag ein Hinweis darauf sein, daß der Seher zu diesem Zeitpunkt vielleicht erst an der dritten Stelle in der Rangfolge seines geheimen philosophischen Zirkels stand.

Das Spiel mit den Namen weist bei den drei Verlegern des Michel de Notredame − also bei Macée Bonhomme, Antoine de Rosné und bei Benoist Rigaud − und auch bei dem Brudernamen, den dieser selbst sich wählt, Nostradamus, interessante Gemeinsamkeiten auf und läßt spannende Schlüsse zu.

Schreibt man die Namen der Genannten in der unten gezeigten Schreibweise der sogenannten „Radkreuzbrüder", dann folgt daraus, daß sich MA-C-EE Bonhomme an der dritten Position in der Rangfolge befunden haben muß, während es sich bei ANT-O-INE de Rosné und BEN-O-IST Rigaud um aufeinanderfolgende Stellvertreter gehandelt haben könnte:

		A		B
	M	N		E
	A	T		N
MACEE		ANTOINE		BENOIST
	E	I		I
	E	N		S
		E		T

22

Während bei Ant-o-ine de Rosné und bei Ben-o-ist Rigaud das „o" das Erkennungszeichen darstellte, wies bei Nostr-a-damus das „a" auf seine Stellung innerhalb der Bruderschaft hin: Nostradamus war mithin der erste unter seinen Brüdern.

N
o
s
t
r
Nostradamus
d
a
m
u
s

DIE GRAUE EMINENZ DER RÖMISCHEN KIRCHE

Seinen eigentlichen Auftrag könnte Michel de Notredame jedoch bereits vor 1558 vom Vatikan erhalten haben. Er war offenbar vor allem für die Erfüllung zweier wichtiger Aufgaben verantwortlich:

1. Die Versöhnung Spaniens mit Frankreich, um die Christenheit gegenüber dem Islam zu stärken. Diese Aufgabe war mit der Heirat der ältesten Tochter Heinrichs II. mit Philipp II. von Spanien vollendet.
2. Die Rückführung der unter Heinrich VIII. von Rom abgefallenen britischen Inseln in den Schoß der römischen Kirche.

Da die europäische Christenheit im 16. Jahrhundert unter der permanenten Angst vor möglichen Einfällen der mohammedanischen Türken im Osten litt, war das Interesse entsprechend groß, alle innereuropäischen Querelen zu beenden und die einzelnen Staaten wieder fester an Rom zu binden. Auch das von Rom abgefallene England sollte wieder in den Schoß der katholischen Kirche zurückgeführt werden. Daher war es möglicherweise die Hauptaufgabe des Nostradamus, der englischen Königin Elisabeth I. die Prophezeiungen, die sich auf das weitere Schicksal der Christenheit bezogen, unverschlüsselt in die Hände zu spielen. Offenbar konnte Katharina von Medici diesen Auftrag um das Jahr 1585 zu Ende bringen, denn es gibt deutlich Anzeichen dafür, daß sich seither in irgendeinem englischen Staatsarchiv eine unverschlüsselte Ausgabe der Nostradamus-Texte befindet.

Michel de Notredame vermerkte in seinem Werk ausdrücklich, daß „er nichts getan hat, was gegen den Willen der heiligen römischen Kirche verstieß". Dieser Hinweis mag sich auf die Veröffentlichung der „Großen Prophezeiungen" beziehen, kann aber auch auf seine bis heute noch unbekannt gebliebenen Aktivitäten deuten.

Im Verlauf meiner Nachforschungen stellte sich heraus, daß Nostradamus gelegentlich Anmerkungen in „eigener Sache" in seinen Versen untergebracht hat. Sie wurden von ihm scheinbar so plaziert, daß künftige Nostradamus-Eingeweihte mit ihrer Hilfe schließlich der tatsächlichen Wahrheit auf die Spur kommen würden. In einer solchen Anmerkung ist der Hinweis enthalten, daß er sein „Buch der großen Prophezeiungen" mehr als „Buch der Hoffnung für die künftig in Drangsal geratende katholische Kirche" ansieht.

Michel de Notredame

Wer also der Botschaft des Nostradamus Glauben schenkte, der mußte folglich daran interessiert sein, die Einigkeit in der Kirche wiederherzustellen. Alle Bemühungen jedoch, die durch die Reformation bewirkte Spaltung der Kirche rückgängig zu machen, waren zum Scheitern verurteilt.

DAS BUCH DER GROSSEN PROPHEZEIUNGEN

WIE ES ENTSTAND

Ab 1554 veröffentlichte Nostradamus gleichzeitig mit seinem Almanach eine Reihe von Broschüren, in denen ausschließlich Vorhersagen enthalten waren. Ein solches Exemplar ist der Nachwelt erhalten geblieben und befindet sich heute in der Bibliothek Arbaud in Aix-en-Provence. Die von Jacques Kerver 1557 in Paris verlegte Ausgabe zeigt ein mit astrologischen Symbolen und den Tierkreiszeichen bebildertes Titelblatt. Im Frühjahr 1555 erschien bei Macée Bonhomme in Lyon die erste Auflage der noch unvollständigen „Großen Prophezeiungen". Zwei Jahre

LES VRAYES CENTVRIES ET PROPHETIES DE MAISTRE MICHEL NOSTRADAMVS,

Où se void representé tout ce qui s'est passé, tant en France, Espagne, Italie, Allemagne, Angleterre, qu'autres parties du monde.

Reveües & corrigées suivant les premieres Editions imprimées en Avignon en l'an 1558. & à Lyon en l'an 1558. & autres

Avec la vie de l'Autheur.

Iouxte la Copie d'Amsterdam.
A PARIS
Chez JEAN RIBOU, vis à vis la Sainte Chapelle à l'Image S. Louys.

M. D. C. LXVIII.

später gelangte bereits die vierte, etwa auf den doppelten Umfang erweiterte Auflage in den Handel. Doch erst 1558 war das Werk mit zehn Centurien von jeweils ungefähr 100 vierzeiligen Versen vollständig.

WARUM ES NUR 948 VERSE GIBT

Vollständig bedeutet jedoch nicht, daß wirklich 1 000 Verse vorhanden sind. Tatsächlich fehlen die Verse 48 bis 99 aus der VII. Centurie. Nach dem Mitte der achtziger Jahre entdeckten Zeitschlüssel handelt es sich bei ihnen um die Jahre 1749 bis 1799, also um jene geschichtliche Epoche, in welche die Französische Revolution fällt.

Michel de Notredame stand zunächst Heinrich II. und dann auch Karl IX. und seiner Mutter Katharina von Medici stets loyal gegenüber. Als Leibarzt und geheimer Berater des jungen Königs achtete er sehr darauf, daß in seinen Texten, die für Eingeweihte ja durchaus zu entschlüsseln waren, keine negativen Prophezeiungen für das Haus Valois und die folgenden Königsgeschlechter enthalten waren. Neuere Nostradamus-Forschungen erhärten die Hypothese, derzufolge Nostradamus seinem König unmöglich eine verschlüsselte Ausgabe seiner „großen Prophezeiungen" hätte übergeben können. Dies wäre als Affront gewertet worden und hätte vermutlich zum Bruch geführt. Demnach muß es mindestens eine unverschlüsselte Ausfertigung des Werkes im Besitz der Königsfamilie gegeben haben. Zugleich verbot es sich dem Seher jedoch aus verständlichen Gründen, dem ihm gewogenen Herrscherhaus ungünstige Prophezeiungen zu machen. Nostradamus hätte niemals das Ende des Königtums in Frankreich, die Enthauptung Ludwigs XVI. und die Herrschaft des Pöbels unverschlüsselt hinterlassen können. Ergo ließ er die Verse einfach weg. Dennoch gibt es sie: Nostradamus versteckte sie in Prosaform in seinem berühmten Huldigungsbrief, den er 1558 an König Heinrich II. schickte.

DIE WAHL DER VERSCHLÜSSELUNGSTECHNIK

Anfangs ging ich bei meinen Recherchen von der Hypothese aus, daß Nostradamus zur Verschlüsselung einen eigens von ihm entwickelten, komplizierten Code nutzte. Heute weiß ich, daß er sich einer Geheimschrift bediente, die sowohl den Templern als auch anderen großen Orden seiner Zeit bekannt war. Innerhalb dieser Geheimschrift bildeten sich nach und nach sprachliche Eigenarten heraus, die auf verblüffende Weise der Art und Weise gleichen, wie man im heutigen Internet miteinander elektronisch „talkt". Sie gestatten es dem Insider, sofort zu erkennen, ob ein Neuling oder ob ein Profi die Tasten des Computers bedient.

In der Renaissance nutzte man in der Regel zwei Methoden der Verschlüsselung. Entweder das Geheimnis wurde auf mehrere Bücher verteilt, die in verschiedenen,

Das Buch der großen Prophezeiungen

weit voneinander entfernten Bibliotheken, meist in Klöstern, aufbewahrt wurden. Und tatsächlich besitzen die Klöster Prophezeiungswerke, die jenem des Nostradamus ähneln, allerdings nicht von ihm verfaßt sind. Geschützt von einem seit Jahrhunderten gepflegten Sicherheitssystem, welches verlangt, daß genau darüber Buch geführt wird, wer, wann, wie lange, in welchem Buch, welche Passage liest, ist es für den normalen, nicht eingeweihten Bürger praktisch unmöglich, ein solches Manuskript „ganz" zu lesen. Oder aber der Text mußte, wenn er das Geheimnis zur Gänze enthielt, eine hundertprozentige Codierung erfahren. Nostradamus bediente sich der zweiten Methode: Er hinterließ einen vollständigen, jedoch vollkommen unverständlichen Text. Immerhin ist dieser heutzutage jedermann zugänglich, denn die Verse sind inzwischen weltweit veröffentlicht worden.

DIE SUCHE NACH DER ZEITLICHEN ZUORDNUNG

Während meiner Recherchen in Südfrankreich und in den Pyrenäen stieß ich auf Eingeweihte, die nichts sagten, und auf Unwissende, die viel zu erzählen hatten. Am Ende mußte ich es aufgeben, auf diesem Wege etwas in Erfahrung zu bringen. Ich zog mich an meinen Computer zurück und beschränkte mich darauf, die authentischen Texte mit diesem Hilfsmittel zu untersuchen. Als mir eines Tages die mathematische Schablone für die römische Zahl Zehn ins Auge stach, wußte ich hinfort genau, wie ich weiter verfahren mußte.

Legis cantio contrà ineptos criticos.

**Qui legent hosce versus, maturè censunto,
Protanum vulgus et inscium ne attrectato :
Omnesque Astrologi Blenni, Barbari procul sunto,
Qui aliter facit, is rite, sacer esto.**

IV. CENTURIE, 100. VERS:
*Die diese Verse lesen meinen daß sie reif dafür seien
Das einfache Volk und die Unwissenden sollen sich nicht damit befassen
Alle Astrologen Tölpel und Ungebildeten suchen an der falschen Stelle
Wer aber anders vorgeht wird in das Geheimnis eindringen*

Michel de Notredame

Diese Zeilen stellte Nostradamus als „Wort an die Kritiker" ausgerechnet an die Stelle innerhalb seiner fast 1 000 Verse, die den Anfang des Texts für das erste Jahrtausend nach Veröffentlichung seiner „großen Prophezeiungen" markiert. Doch muß man, um dies zu erkennen, vorher den Zugang zu seinem Werk und Zeitschlüssel gefunden haben. Erst dann fallen mit einem Mal alle Puzzleteile wie von selbst an den richtigen Platz. Seit Jahrhunderten fragen sich Nostradamus-Forscher, welcher Vers sich auf welches Jahr bezieht. Schließlich kann nur derjenige, der die Antwort auf diese Frage kennt, die Prophezeiung für jedes Jahr bis 3797 identifizieren und rückwirkend die Visionen ab 1555 überprüfen.

DIE ZEITLICHE ZUORDNUNG DER NOSTRADAMUS-VERSE

Nachdem der Schlüssel zum Text erst einmal entdeckt war, wurde sichtbar, daß Nostradamus keinesfalls nur einigen wenigen Herrschern in seinen Versen Platz eingeräumt hat. Ein solches Vorgehen hätte ja außerdem seinem Konzept widersprochen, eine universelle Prophezeiung bis zum Ende der Welt zu schaffen. In einem Brief, den er an seinen Sohn César richtete und als Vorwort zu seinen Prophezeiungen veröffentlichte, teilt Nostradamus seinen Lesern unverschlüsselt mit, daß seine Visionen sich auf die Jahre 1555 bis 3797 beziehen. Da aber jedem Jahr ein Vers gewidmet ist, können zum Beispiel von Napoleon nur etwa 20 Verse handeln, da dieser nur etwa 20 Jahre, zwischen 1795 und 1814, maßgeblich war. Die systematische Entschlüsselung der betreffenden Zeilen bestätigt dies, denn im Jahre 1815 wird Napoleon ein letztes Mal im Zusammenhang mit dem Betrug an seinem alliierten Vertragspartner erwähnt. Die Historiker wissen, daß Napoleon sich in diesem Jahr weigerte, den Hafen von La Rochelle in Richtung Exil zu verlassen. Tatsächlich beziehen sich insgesamt sogar nur fünf von möglichen 20 Versen dieser Periode auf Napoleon.

Ähnlich verhält es sich bei Hitler. Hier finden sich in den Versen, welche die Zeit zwischen 1930 bis 1944 behandeln, nur acht direkte oder indirekte Hinweise auf seine Person. Einmal spricht Nostradamus von Hitler als vom „Magier mit der Rose der Hölle" (Hakenkreuz) ein anderes Mal bezeichnet er ihn als den „Cäsar des Selbstgeschreis".

Der Visionär aus Salon-de-Provence schildert in seinen Vorhersagen keine Situation ausführlich bis ins letzte Detail, sondern beleuchtet die jeweilige Lage schlaglichtartig. Für die Ermordung Kennedys benutzte er die Worte: „Drei seines eigenen Blutes werden die Scharfschützen sein." Bedeutet dies nicht, daß die Brüder John F. und Robert Kennedy Opfer einer Familienfehde wurden?

Wie immer, wenn eine Jahrtausendwende bevorsteht, nimmt die Zahl derer zu, die mit diesem Datum den Weltuntergang in Verbindung bringen wollen. Manche

Die Verschlüsselungstechnik

Autoren meinen dies auch aus den Versen des Nostradamus herauslesen zu können. Warum aber hätte Nostradamus sich die Mühe machen sollen, Prophezeiungen bis in das Jahr 3797 zu hinterlassen, wenn im Jahr 2000 alles „zu Ende" sein soll?

DIE VERSCHLÜSSELUNGS-TECHNIK DES NOSTRADAMUS

WIE JAHRE UND VERSE ZUSAMMENPASSEN

Wie aber werden nun tatsächlich die einzelnen Verse mit den richtigen Jahren in Beziehung gesetzt? Wenn man das Geheimnis erst einmal kennt, dann ist es sehr einfach. Das Jahr 1555 wird in der V. Centurie, Vers 55 abgehandelt. Können Sie das Verschlüsselungssystem bereits anhand dieses ersten Beispiels erkennen? Zur Verdeutlichung noch einige weitere Verknüpfungen:

6. CENTURIE, VERS 31 entspricht dem Jahr 1631
8. CENTURIE, VERS 25 entspricht dem Jahr 1825
9. CENTURIE, VERS 97 entspricht dem Jahr 1997
10. CENTURIE, VERS 10 entspricht dem Jahr 2010
1. CENTURIE, VERS 24 entspricht dem Jahr 2124
2. CENTURIE, VERS 73 entspricht dem Jahr 2273

Folglich steht die Nummer der I. bis X. Centurie für das Jahrhundert und die Nummern der Verse 1 bis 100 für das jeweilige Jahr in diesem Jahrhundert.

DIE GEBRAUCHSANWEISUNG AUS DEN BEGLEITTEXTEN

Die Existenz zweier Briefe des Nostradamus an den Sohn César und an den König Heinrich II. wurde schon erwähnt. Obwohl diese bereits im Original schwer zu lesen und noch schwerer zu übersetzen sind, geben sie eine sehr klare Gebrauchsanweisung für die zeitliche Zuordnung der Verse. Man erhält diese, wenn man die lateinischen Floskeln in den beiden Briefen zusammenzieht und sie nach den Regeln des Nostradamus zur Anwendung bringt. Das detaillierte Verfahren wurde von mir bereits in einer anderen Publikation veröffentlicht, und eine erneute Beschreibung würde zudem den Rahmen des Buches sprengen.

Michel de Notredame

Von größerem Interesse ist es, das von Nostradamus so genannte „Innere Wort" zu finden. Der Seher bediente sich einer X-förmigen Schablone, welche der römischen Ziffer für zehn entspricht. Man erhält das „Innere Wort", wenn man den Namen des Nostradamus beziehungsweise seine Buchstaben in der Reihenfolge der Ziffern I–II niederschreibt und anschließend die Buchstaben in der von der Schablone gewünschten Reihenfolge liest:

SCHREIBEN	GESCHRIEBEN	ABLESEN
I 2 3	N O S	1+2+3+9+10+11 = NOS M US
5 4	R T	„Unsere Tausend gebrauchen"
6	A	5+2+4+6+7+10+8 = ROTA DUA
8 7	A D	„Drehe zweimal"
9 10 11	M U S	

Mithin erhält man aus dem Brudernamen „NOSTRADAMUS" die Anweisungen, die Voraussetzung sind für die richtige Verknüpfung von Zeit und Text: „Unsere Tausend gebrauchen. Drehe zweimal". Wie aber ist diese kryptische Anweisung zu verstehen?

„Unsere Tausend gebrauchen" verweist den Leser auf das Jahrtausend, in dem Nostradamus gelebt hat, also auf die Jahre 1000 bis 1999. „Drehe zweimal" enthält die versteckte Anweisung, dieses Jahrtausend, in welchem Nostradamus lebte, wie auf einem Ziffernblatt zweimal zu drehen. Kombiniert mit den unverschlüsselten Angaben im Brief an seinen Sohn César, wonach die Prophezeiungen für den Zeitraum von 1555 bis 3797 gelten, bedeutet dies, daß man die Jahrtausende oder jeweils 1000 Jahre wie auf einer Uhr angeordnet im Kreis zu drehen hat. Mithin steht die Uhr zum Zeitpunkt des Erscheinens der Prophezeiungen im Jahr 1555 auf zwölf Uhr. Von 1555 bis 2554 ist sie nach der Anweisung des Meisters einmal zu drehen und von 2555 bis 3554 ein zweites Mal.

Man sieht also, daß Michel de Notredame seinen Brudernamen Nostradamus schon vor 1550 im Hinblick auf die Möglichkeit sehr sorgfältig ausgewählt hat, ob er mit ihm noch weitreichendere Informationen, die über seine bloße Identität hinausgehen, transportieren kann.

Seit der Veröffentlichung der 948 Verse bis Anfang der achtziger Jahre rätselte die Welt, mit welchen Worten der Prophet Ereignisse zum Beispiel des Jahres 2000 beschrieben hat. Die bisherige Methode der Zuordnung, die zum Teil auch noch in den neusten Veröffentlichungen angewandt wird, machte es erforderlich, den Gesamttext im Hinblick darauf zu untersuchen, ob irgendwo etwas erwähnt wird, was sich eindeutig in Beziehung zu einem gegenwärtigen oder vergangenen Ereignis setzen läßt und von diesem Ausgangspunkt Rückschlüsse anzustellen.

Die Verschlüsselungstechnik

Ob der große Seher wohl damit gerechnet hat, daß so viele Jahrhunderte vergehen würden, bis man hinter sein Geheimnis kommt? Tatsächlich schrieb Nostradamus in einer Anmerkung, quasi in eigener Sache, daß es 500 Jahre dauern würde, bis es möglich sei, mit Hilfe seiner Prophezeiungen sämtliche Verfälschungen der Geschichte rückwirkend zu korrigieren. Folglich ist noch ein langer Weg zu gehen, bis alle jene Geheimnisse des Nostradamus entschlüsselt sind, die er der Nachwelt in den Versen seiner Prophezeiungen hinterlassen hat.

BUCHSTABEN UND WÖRTER ALS ROHMATERIAL

Schritt für Schritt läßt sich zurückverfolgen, wie Nostradamus bei der Niederschrift seiner Visionen in Verstexten und bei ihrer Verschlüsselung vorgegangen ist. Nach der Rückkehr von seiner nächtlichen „Zeitreise" schrieb Nostradamus seine Vision zunächst nieder. Um die wichtigsten Ereignisse eines Jahres wiederzugeben, standen dem Seher lediglich vier Zeilen mit insgesamt etwa 144 Anschlägen zur Verfügung. Daher beschrieb er die wichtigsten Vorkommnisse eines jeden Jahres in knappen, charakteristischen und durchaus auch wertenden Worten. Den Originaltext trug er nicht in einem Buch ein, sondern notierte ihn in einer Art Buchrolle. Ihm stand etwas wie eine Tafel zur Verfügung, die sich aus einzelnen Pergamentblättern zusammensetzte und in zehn mal 100 Kästchen mit jeweils vier Zeilen unterteilt war. Insgesamt hatten auf dieser Tafel − in Anlehnung an die Offenbarung des Johannes − 144 000 Buchstaben Platz.

Um den Verlust von Textteilen zu verhindern oder einer möglichen Verfälschung vorzubeugen, schützte Nostradamus sein Werk als Ganzes. Er übertrug den ursprünglichen Prosatext in Verse. Dies macht es sehr schwer, den Verszeilen durch das Einfügen oder Weglassen einzelner Wörter einen anderen Sinn zu geben. Außerdem numerierte er seine Verse und verhinderte damit, daß sie vertauscht werden können oder daß auf diese Weise einzelne Prophezeiungen willentlich dem falschen Jahr zugeordnet werden. Insbesondere in Krisenzeiten wäre letzteres zu befürchten gewesen.

Nachdem er seine Arbeit zum Abschluß gebracht hatte, zerlegte Nostradamus die Buchrolle in zehn Streifen zu je 400 Zeilen. Je vier Zeilen erhielten eine fortlaufende Nummer von 1 bis 100. Seinen Verleger in Lyon hieß Nostradamus je zehn Verse auf eine Seite setzen. Auf diese Weise entstand aus der ursprünglichen Pergamentrolle ein richtiges Buch mit Seiten.

Um seinem Buch einen guten Start zu geben, setzte Nostradamus die Verse mit Vorhersagen, welche Menschen und Landschaft seiner Umgebung betrafen, an den Anfang. Denn nichts erregt die Gemüter mehr, als vorhergesagte und eingetroffene Ereignisse. Allerdings sind die Abläufe, welche in den Versen der V. Centurie beschrieben werden, 400 Jahre später relativ uninteressant. Erst nachdem er sich mit den lokalen Vorhersagen beschäftigt hat, wendet er sich weiter entfernten Regionen zu, und auch dort werden die Menschen auf sein Werk aufmerksam.

DIE SPRACHBARRIERE

Das Französisch des 16. Jahrhunderts ist nicht die Sprache der Franzosen des 20. Jahrhunderts, und es stellt sich die Frage, ob die Menschen im Jahre 1996 einen Text, der im Stil des Jahres 1555 niedergeschrieben wurde, überhaupt noch verstehen können?

Die Antwort heißt nein. Genaugenommen haben es die Franzosen beim Verständnis der Nostradamus-Texte nicht leichter als Deutsche, Engländer, Italiener oder Spanier. Auch sie stöhnen über das kaum verständliche Kauderwelsch des Originaltextes und sind gezwungen, die Prophezeiungen regelrecht neu zu übersetzen. Nostradamus scheint die zeitbedingte Veränderung der Sprache erkannt und eingeplant zu haben, denn in seinen Versen lassen sich bestimmte sprachliche Besonderheiten erkennen.

Am besten man versucht, sich das Problem anhand eines Beispiels vorzustellen. In der Regel gebraucht ein Mensch, egal welcher Nationalität, im Alltag einen Wortschatz von vielleicht 5 000 Wörtern. Experten haben ermittelt, daß bereits 800 Wörter die Kommunikation sicherstellen würden. Mithin wird der überwiegende Teil des Sprachwortschatzes nur von einer kleinen Minderheit genutzt. Außerdem verschwinden im Laufe der Zeit bestimmte Ausdrücke aus der Sprache, neue kommen hinzu oder bereits vorhandene durchlaufen einen Veränderungsprozeß. Zum Beispiel läßt sich aus dem früheren „Fruv" noch ohne weiteres das Wort Frau herauslesen. Verliert das Wort Fruv seinen letzten Buchstaben, dann erkennen wir in Fru noch immer den Begriff Frau. Verliert es jedoch auch das „u" und wird also zu Fr, dann ist die ursprüngliche Bedeutung nicht mehr zu erkennen. Allenfalls kann es vielleicht noch als Kürzel dienen.

Offenbar wußte Nostradamus durch seine Beschäftigung mit antiken Sprachen, daß derartige Veränderungen für eine lebende Sprache normal sind. Da ihm außerdem für jeden Vers ja nur begrenzter Raum zur Verfügung stand und er jeden Vers auf durchschnittlich 144 Anschläge beschränken mußte, entschied er sich dafür, in den meisten Fällen die Wortendungen wegzulassen und sich auf den Wortstamm zu beschränken. Mitunter griff er auch auf Kürzel zurück. Zur Illustration ein Beispiel: Die Fr, die der Mann heiratete, bek 6 Kinder. Mit wenig Mühe läßt sich der Inhalt des Satzes wie folgt rekonstruieren: Die Frau, die der Mann heiratete, bekam sechs Kinder.

Nostradamus verfaßte seine Verse also in erster Linie in Wortstämmen. Er nahm auf Grammatik und Rechtschreibung keine Rücksicht, sondern war einzig und allein bestrebt, die spätere Rekonstruktion möglicherweise verfälschter Textteile zu erleichtern. Wiederkehrende Begriffe kürzte Nostradamus ab. Zum Beispiel steht „der große C" im Zusammenhang mit Napoleon und ist somit als „der große Cäsar" zu ergänzen. Und schließlich bediente sich Nostradamus, um den Sinn zu verändern, noch der Technik des Buchstabentauschs. Ein „b" oder ein „p" entschied darüber, ob das Wort „bord" (Ufer, Rand) heißen sollte oder ob damit „port" (der Hafen) gemeint war. Vertauscht wurden außerdem die Buchstaben „d" und „t", „g" und „c" oder „u" und „v".

DIE SPRACHE DES NOSTRADAMUS

Michel de Notredame blieb, obgleich er die Möglichkeit besaß, andere Zeiten und Sitten kennenzulernen, ein Kind seiner Epoche und Umgebung. Wer in den Begleittexten zu den „großen Prophezeiungen" die versteckten Anmerkungen zu lesen versteht, der stößt auf sehr persönliche Bezeugungen von Überraschung wie „Ha!" oder „Haia!", von Stolz wie „Du Löwe!", „Smaragd" oder „Juwel!" und von Tadel wie „Bettler mit hohler Hand", „welch leerer Topf", „Tölpel" oder „Narr". Für Situationen, in denen sich etwas zum Schlechten wandelt, gebraucht Nostradamus Bilder seiner Zeit, in denen etwas zu Bruch geht. So beschreibt er beispielsweise die Situation nach dem Zweiten Weltkrieg mit dem Wort „Scherbenhonig", also mittels eines mit Honig gefüllten Tonkrugs, der jedoch zerbrochen und dessen Inhalt mithin ungenießbar ist. Wie treffend diese Bild ist, zeigt der weitere Verlauf der deutschen Geschichte: Nach einigen bitteren Jahren des „Scherbenhonigs" sprach man schon bald vom Wirtschaftswunder. Auch wenn es viele Deutsche heute nicht mehr so sehen, der weitere Verlauf einer „honigsüßen Geschichte" hat bis in unsere Tage angehalten.

In den von Nostradamus hinterlassenen Versen gibt es sogar solche, in denen er regelrecht flucht. So tut er seinem Widerwillen keinen Zwang an, als er das Vorhaben beschreibt, mittels welchem um das Jahr 2350 ein Tier dem Menschen ähnlich gemacht werden soll, um es als Dienstboten zu mißbrauchen. Diesen Eingriff in die Ordnung der Schöpfung verdammt er ausdrücklich, zumal als Folge die Schaffung eines Paradieses auf Erden bis zum Untergang dieses Planeten verhindert wird. Dieses von Menschen geschaffene Zwittergeschöpf, von dem auch in der Offenbarung des Johannes die Rede ist, wird die menschliche Lebensform auszurotten versuchen, wo immer es nur kann.

An einer anderen Stelle, bezeichnet Nostradamus die Situation im heutigen Palästina als „dolchige Sprache", womit er offenbar Hinterlist meint und solche Bilder verkürzt beschreibt, in denen hinter dem Rücken der Dolch gezogen wird oder einem anderen der Dolch in den Rücken gestoßen wird. Man braucht wenig Phantasie, um die richtige Deutung für den „zerbrochenen Dolch" zu finden. Ohne

Zweifel ist hiermit die Zerschlagung einer Bewegung oder ihre Entwaffnung gemeint.

Die Fluchtbewegungen während und nach dem Zweiten Weltkrieg bezeichnet er als „Völkerwanderungen überall".

84.

Roy exposé parfaira l'hecatombe,
Apres auoir trouué son origine,
Torrent ouurir de marbre et plomb la tombe,
D'vn grand Romain d'enseigne Medusine.

Für Napoleons Flucht von Elba hatte er einen merkwürdigen Spruch hinterlassen, den man im nachhinein sehr gut verstehen kann: „Kehre nicht zu den toten Freunden zurück, Deine Fahne wird ein rotes Sargtuch sein."

Das Öl im Nahen Osten bezeichnet er für das Jahr 1925 als „Geschwür", welches die Macht haben wird, und die Bohrplattformen in den Weltmeeren einige Jahrzehnte später als „Inseln des Öls". Die Kernspaltung nennt er den „Bruch der weißen Steine" und die Kettenreaktionen in der Kernspaltung das „große Theater der Steine". Folgerichtig stößt der Leser seiner Verse im Zusammenhang mit der Tschernobyl-Katastrophe auf die Beschreibung: „Das große Theater fällt in Schutt und Asche".

Durch die Art und Weise wie Nostradamus den Alltag in Jahrhunderten beschreibt, die ja für ihn in einer dunklen Zukunft liegt, fühlt man sich als Leser dazu aufgefordert, in den Verstexten nach weiteren dieser für ihn typischen und so fremd klingenden Formulierungen zu suchen. Es ist außerordentlich verblüffend, daß Nostradamus die Zukunft, die er aus eigener Anschauung ja nicht kennen kann, dennoch so treffend in Worte zu fassen vermag.

Als ich 1983 mit der Übertragung der Nostradamus-Verse in eine für uns verständliche, moderne Sprache begann, stieß ich im Laufe meiner Arbeit auf eine Textstelle, die mich derartig überraschte, daß ich erst einmal den Computer ausschalten und meine Familie herbeirufen mußte. Ich hatte mir den Kopf darüber zerbrochen, was Nostradamus mit dem Satz „Farbige Tempel in den Hütten der Menschen" meinen könnte, bis mir schlagartig klar wurde, daß er mit diesen Worten den Farbfernseher beschrieb. Wenn ich heute zurückblicke, dann stelle ich fest, daß dieser Augenblick des Erkennens eines der großen Schlüsselerlebnisse im Umgang mit den Texten des Nostradamus für mich war.

Die Verschlüsselungstechnik

Natürlich hatte Nostradamus seine Visionen auf der Basis des Wissens und der Bildung niedergeschrieben, die ein Mensch im 16. Jahrhundert erwerben konnte. Seine Beschreibungen entsprechen nicht dem Wissensstand der Zeit, die er in seinen Visionen besucht hat, sondern jener, in der er selbst lebte und dachte. Dies bedeutet, daß die Verse nicht nur aus dem Französischen ins Deutsche übersetzt werden müssen, sondern auch einer Übertragung in eine für den heutigen Menschen verständliche Sprache bedürfen. Selbst wenn die richtige zeitliche Zuordnung erst einmal erfolgt ist, die neuerliche sprachliche Anpassung an die Bedürfnisse der Zeit wird immer wieder erforderlich sein.

In dem Brief an César, welchen Nostradamus seinen „großen Prophezeiungen" als Vorwort voranstellt, schreibt er unverschlüsselt, daß man seine dunklen Worte erst dann richtig verstehen wird, wenn das Ereignis eingetreten ist. Dies bedeutet jedoch keinesfalls, daß es dem Leser unmöglich ist, diese Geschehnisse schon im voraus zu identifizieren. Lediglich die Details der Abläufe werden ihm erst im nachhinein zugänglich. Im Zusammenhang mit den Versen für das 21. Jahrhundert wird dies mehrfach zu sehen sein.

Jener Satz, „Farbige Tempel in den Hütten der Menschen", der so großen Eindruck auf mich gemacht hatte, war, im nachhinein betrachtet, leicht zu entschlüsseln. Daß die Menschen in Hütten leben, läßt den Schluß zu, daß es sich um das einfache Volk, um die Masse handeln muß. Hätte er zum Beispiel Adelige oder eine andere Elite gemeint, dann hätte er ihre Behausungen als Schlösser oder Paläste bezeichnet und nicht als Hütten. Gemeint sind also normale Durchschnittsbürger in ihren Häusern und Wohnungen. So weit war die Übertragung recht einfach. Doch was kann Nostradamus mit „farbigen Tempeln" meinen?

Offenbar hat er in seiner Vision Menschen in ihren Häusern gesehen, die ein farbiges Bild auf eine Weise anstarren, als würden sie vor einer Madonna oder einem anderen Heiligenbild beten. In der Welt des Nostradamus gab es natürlich einen Herrgottswinkel oder ein Kruzifix irgendwo an der Wand, aber die Menschen, die er „sah", blickten nicht auf eine Devotionalie, sondern auf einen Kasten oder eine Art Stein, auf dem sich ein farbiges Bild abzeichnete. Allerdings verhielten sich die Menschen vor diesem Bild so ehrfurchtsvoll wie beim Anblick einer Kirche oder eines Altarbildes.

Ich konnte nur davon ausgehen, daß diese Vision Nostradamus zu der Vermutung veranlaßte, daß alle Menschen zu dieser Zeit etwas in ihren Hütten haben, vor dem sie sich so verhalten, als ob sie in einer Kirche oder vor einem Altar befänden. Da es sich bei dem angebeteten Gegenstand aber offensichtlich weder um das eine noch das andere handelt, scheinen diese Menschen der Zukunft für Nostradamus einem ihm unbekannten Glauben anzuhängen. Er löste das Problem für sich, indem er den Gegenstand zwar nicht als Kirche bezeichnete, denn eine solche stellte er ja offensichtlich nicht dar, aber, da es sich eventuell ja doch um einen anderen, ihm nicht bekannten Glauben handeln konnte, wenigstens als Tempel. Mithin mußte es sich aus heutiger Sicht einfach um einen Farbfernseher handeln. Diese Vermutung drängte sich förmlich auf.

Gerade technische Beispiele bringen den Leser immer wieder zum Schmunzeln und erwecken zugleich Achtung in ihm vor der bildgewaltigen Sprache des Nostradamus. In den Versen, welche die zwanziger Jahre unseres Jahrhunderts beschreiben, erwähnt Nostradamus das Radio. Diesmal beschreibt er das Gerät indirekt mit dem Satz: „Es erwacht das Spiel der Töne." Ich schließe daraus, daß ihn nicht sosehr die „Kiste" beeindruckt hat, als vielmehr das Durcheinander von Tönen im Äther.

Und schließlich, um ein abschließendes Beispiel für die Sprache des Nostradamus anzubieten, in den Versen, welche sich auf die Zeit des letzten Golfkriegs beziehen, nennt der Seher „brennende höllische Lampenschalen". Gemeint hat er damit die brennenden Ölquellen in Kuwait, die von abziehenden irakischen Soldaten angezündet worden waren. Das Bild ist ausgesprochen zutreffend, denn die Öllämpchen, welche man häufig in der Antike und darüber hinaus bis weit in die Neuzeit hinein benutzte, erzeugten ihr weniges Licht unter enormer Rußentwicklung.

DER SINN MANCHER NOSTRADAMUS-WORTE

Nostradamus stellte der noch unvollständigen Erstausgabe seiner 1555 erschienenen „großen Prophezeiungen" einen an seinen Sohn César gerichteten Brief als Vorwort voran. Zu diesem Zeitpunkt war César zwei Jahre alt. Als Nostradamus starb, galt der 13jährige schon fast als erwachsen. Warum wurde dieser Brief auch weiterhin als Bestandteil der „großen Prophezeiungen" abgedruckt?

Die meisten Nostradamus-Forscher glauben auch heute noch, daß dieser Brief tatsächlich an César gerichtet ist. Und dies, obwohl im Text selbst einige Ungereimtheiten auffallen, die zeigen, daß da etwas nicht stimmen kann. Die folgenden Auszüge machen dies deutlich:

„Deine späte Ankunft César Notredame, mein Sohn, hat mich veranlaßt, lange Zeit die Nächte schreibend durchzuwachen, um dir diese Schrift zu hinterlassen … Und da es dem unsterblichen Gott gefallen hat, daß du nicht in das natürliche Licht in dieser Region geboren wurdest … wirst du in deinem beschränkten Verständnis unfähig sein zu verstehen, was ich dir nach meinem Tod übergeben muß, da es mir nicht möglich ist, dir schriftlich etwas zu hinterlassen, was in dieser ungerechten Zeit zerstört werden würde. Denn das Wort der *geheimen Prophezeiung*, die du erben wirst, wird in meinem Herzen verschlossen sein." Und weiter: „Denn,

PREFACE

DE

M. MICHEL NOSTRADAMUS

A SES PROPHETIES.

Ad Cæfarem Noſtradamum filium
Vie et félicité.

ON tard advenement, Cefar Noſtradame mon fils, m'a faict mettre mon long temps par continuelles vigilations nocturnes referer par efcript toy delaiffer memoire, apres la corporelle extinction de ton progeniteur, au commun profit des humains, de ce que la divine effence par Aſtronomiques revolutions m'ont donné cognoiffance. Et depuis qu'il a pleu au Dieu immortel que tu ne fois venu en naturelle lumiere dans cefte terreine plaige, et ne veux dire tes ans qui ne font encores accompaigneʒ, mais tes mois Martiaux incapables à recevoir dans ton debile entendement ce que ie seray contraint apres mes iours definer : veu qu'il n'eſt poſſible te laiffer par efcrit, ce que feroit par l'iniure du temps obliteré : car la parole hereditaire de l'occulte prediction fera dans mon eſtomach intercluſe : confiderant auſſi les adventures definiment eſtre incertaines ; et que le tout eſt regy et gouverné par la puiffance de Dieu ineſtimable, nous

Michel de Notredame

wenn du das natürliche Alter des Menschen erreichst, wirst du in deiner Heimat, unter dem du selbst geboren bist, die vorausgesagten künftigen Ereignisse schauen."

César de Notredame wurde in Salon-de-Provence im Hause seines Vaters geboren und nicht in einer fernen Region. Zum Zeitpunkt seiner Geburt, 1553, war noch nicht einmal der erste Teil der „großen Prophezeiungen" veröffentlicht, und als das Buch dann erschien, war César zwei bis drei Jahre alt. Wie kann sich ein Vater in solchen Dingen irren? Und was soll der merkwürdige Hinweis auf eine ferne Provinz?

„Zum Abschluß, mein Sohn, nimm also dieses Geschenk von deinem Vater Michel Nostradamus entgegen, der hofft, daß du jede einzelne der in diesen Vierzeilern enthaltenen Prophezeiungen weitergeben wirst."

Auf den ersten Blick mag dieser Wunsch des Vaters ganz natürlich erscheinen. Aber können sich die politischen und sozialen Verhältnisse eine Generation später wirklich so grundlegend geändert haben, daß der Sohn César die Prophezeiungen nun offen verbreiten kann? Übrigens hat César den Wunsch seines Vaters nicht erfüllt. Warum wohl? Mit Sicherheit war ihm klar, daß er in dem Brief nicht gemeint war. Diese merkwürdigen Formulierungen verleihen den folgenden Schlußfolgerungen Wahrscheinlichkeit:

- Der Brief beziehungsweise das Vorwort der „großen Prophezeiungen" ist nicht an den leiblichen Sohn César gerichtet, sondern an einen geistigen Sohn, der in der Zukunft lebt.
- Nostradamus ist mit diesem geistigen Sohn nicht ganz einverstanden, weil er aus seiner Sicht nur einen beschränkten Verstand und keine ausreichende Ausbildung besitzt.
- Es scheint so, als ob sich Nostradamus verzweifelt, aber schließlich trotzdem dem unerklärlichen Ratschluß Gottes beugt.

VOM UMGANG MIT VORAUSWISSEN

In einem Lebensabschnitt, in dem es einem Menschen gut geht, kümmert er sich wenig oder gar nicht um seine Zukunft. Erst wenn das Leben ihn in eine Phase führt, die Unangenehmes bereithält, und wenn nicht abzusehen ist, wie lange das Übel anhalten wird, erst dann wird der Blick in die Zukunft gerichtet. Man wüßte gerne, von welcher Dauer die Zeitspanne ist, die man noch durchhalten muß und ob einen in der Folge bessere Lebensumstände erwarten. Dies ist die Atmosphäre, in der Personen, die in die Zukunft blicken können, gefragt sind.

HELLSEHEN IN DER ÖFFENTLICHKEIT

Jeder Mensch muß für sich allein entscheiden, wie er zu Wahrsagerei, Hellsehen und Prophetie steht. Allgemein jedoch gilt, daß der moderne Mensch jede Art von Vorauswissen ablehnt. Der hohe Anspruch an Wissenschaftlichkeit und die in der Regel materielle Einstellung zum Leben lassen solche Vorstellungen kaum zu. Bekennt man sich dennoch zu seinem Glauben an Präkognition, dann kann es sein, daß man damit sein berufliches Vorankommen gefährdet. Wer riskiert schon gerne einen attraktiven Arbeitsplatz? Mithin empfiehlt es sich, das Thema Vorauswissen möglichst nicht in der Öffentlichkeit anzusprechen.

Es gibt meines Wissens keine Statistik darüber, wie häufig der Durchschnittsbürger zum Hellseher geht. Doch berichten jene, die zum Blick in die Zukunft befähigt sind, von einem großen Interesse an ihrer Gabe. Oberstes Gebot ist und bleibt jedoch die Diskretion.

Dennoch gibt es auch in unserer westlichen Gesellschaft Formen der Voraussage, die legal sind und zu denen man sich, auch unter wissenschaftlichen Gesichtspunkten und ohne in der Öffentlichkeit Schaden zu nehmen, bekennen kann.

VORAUSSEHEN IN DER WIRTSCHAFT

Experten erarbeiten Wirtschaftsprognosen anhand statistischen Materials. Diejenigen, die sie bekanntgeben, werden von der Presse als „die fünf Weisen" bezeichnet. In Wirtschaftskreisen werden diese Voraussagen sehr ernst genommen, sie haben sogar Auswirkungen auf das Geschehen an der Börse. Irren sich die Ökonomieexperten, dann wird in der Regel großzügig darüber hinweggesehen.

In der Wertigkeit eine Stufe unter den Prognosen der „fünf Weisen" stehen Trendvorhersagen und -meldungen. Mit ihrer Hilfe soll das Verhalten der Konsumenten kalkulierbar werden. Wie werden sich die Käufer in der nächsten Saison verhalten?

Eine ganzer Zweig von Dienstleistungsanbietern lebt von der Weitergabe solcher Informationen. Jedem Unternehmer, Manager und zum Einkauf befugter Abteilungsleiter eines Warenhauses kommen solche Prognosen für die erfolgreiche Ausübung seines Berufs gelegen. Sie helfen ihm, verantwortungsbewußt Entscheidungen zu treffen. Die Verkaufszahlen der letzten Perioden in Verbindung mit den Erfahrungen und mit der persönlichen Einschätzung des Einkäufers bilden die Grundlage für seinen Blick auf die bevorstehende Saison. Sein Ziel ist es, seine Waren so schnell wie möglich zu verkaufen. Je deutlicher er in die Zukunft zu blicken vermag, desto geringer ist sein Risiko.

Ein Bäcker zum Beispiel weiß, daß er am nächsten Morgen um sieben Uhr Brötchen verkaufen kann. Er weiß jedoch nicht, welche Stückzahl er backen soll. Dieses Problem hat die Branche weitgehend durch Logistik gelöst. Da niemand weiß, wie viele Kunden am nächsten Vormittag Brötchen kaufen werden, backt man nicht alle Brötchen auf einmal, sondern stellt den Backofen in den Laden und schiebt immer dann ein Blech mit Brötchen ein, wenn abzusehen ist, daß sie auch verkauft werden können.

Dem Einkäufer eines Modehauses oder einer Boutique stellt sich das Problem des Vorauswissens ebenfalls. Für ihn hat es sich gelöst, weil ihm die „Modemacher" verbindlich sagen, welcher Art die „Mode" der nächsten Saison sein wird. Solange wie sich alle beteiligten Personen an diese Spielregeln halten, funktioniert dieses Marktsegment problemlos.

Der Unternehmer, der ein neues Produkt auf den Markt bringen will, hat selten Mitbewerber, mit denen er sich absprechen kann. Er kann auf die Erfahrungen zurückgreifen, welche Produkte seine Kunden ihm bisher abgekauft haben. Doch darüber hinaus ist er auf die Informationen angewiesen, die ihm seine Kunden, seine Verkäufer und die Marktforschung liefern. Die Schlußfolgerungen muß er selbst ziehen, und die Verantwortung für die Zukunft seines Unternehmens liegt allein in seinen Händen.

Nicht nur im alten Griechenland wurde kein Kriegszug begonnen, ohne zuvor die Pythia im Heiligtum des Apollon in Delphi zu befragen.

ENTSCHEIDVNGSHILFE IN DER POLITIK?

Es ist kaum 200 Jahre her, da gab es noch eine enge Verknüpfung von Politik und dem Blick in die Zukunft. Heute ist dieses Mittel überflüssig geworden, denn dem Politiker stehen andere Instrumente der Entscheidungsfindung zur Verfügung. Er bedient sich für die Innenpolitik verschiedener Institute, welche in seinem Auftrag die Meinung des Volkes ermitteln. Die Informationen über die Stimmung im Land helfen dem Politiker oder der Partei beim Treffen von Entscheidungen. Nicht anders verhält es sich in der Außenpolitik, wo als Mittel, um die eigenen Ziele zu erreichen, Wissen offen durch Beobachtung oder heimlich durch Spionage beziehungsweise Satelliten erworben wird.

Hellseher und Propheten sind heute in der Tagespolitik out. Sie werden jedoch beispielsweise von den USA dafür genutzt, um Denkanstöße für langfristige

Modelle zu liefern. Einer entsprechenden Zeitungsmeldung ist zu entnehmen, daß die Vereinigten Staaten 890 PSI-Befähigte mit diversen Aufgaben betrauen und dafür jährlich 80 Millionen Dollar ausgeben.

WAS MACHT VORAUSWISSEN SO INTERESSANT?

Der Wunsch danach, einer unangenehmen Lebenslage zu entkommen oder sich besonders günstige Umstände zu sichern, ist im allgemeinen das vorrangige Motiv des Menschen dafür, sich des Vorauswissens zu bedienen. Manchmal geht es auch nur darum, die eigene Neugier zu befriedigen. Doch in der Regel steht die Sehnsucht nach einer besseren Zukunft und nach richtigen Entscheidungen im Vordergrund.

Wenn man ehrlich ist, dann sind es doch vor allem Fragen wie die folgenden, die man gerne mit absoluter Gewißheit würde beantworten können: Wird es mir gelingen, meinen Partner an mich zu binden? Werde ich tatsächlich den geplanten Vorteil aus dem Kauf des Hauses ziehen können? Wird sich die derzeit unsichere Geschäftslage in der Zukunft stabilisieren? Wird es mir möglich sein, den erworbenen Reichtum möglichst viele Jahre zu genießen?

Die Sehnsucht nach einer Antwort auf solche Fragen mag vielleicht eine Erklärung dafür sein, warum weltweit so viele Menschen zu Hellsehern gehen. Ob in Amerika, Asien oder in Europa, überall, wo Menschen etwas zu verlieren haben, ist die Zahl der Hellseher entsprechend groß. Dabei reicht jedoch das Interesse an der Zukunft nur kaum 30 Jahre weit.

Weitere Motive, um sich des Vorauswissens zu bedienen, sind:

- der Wunsch, das Risiko einer falschen Entscheidung gegen Null zu minimieren, gleichgültig ob es sich dabei um eine persönliche Situation oder um im beruflichen Zusammenhang übernommene Verantwortung handelt;
- die Notwendigkeit, Vorteile für den Erhalt der eigenen Macht herauszuschlagen, weil man sich ohne die Unterstützung von außen zu schwach fühlt. Dies war nicht nur im Mittelalter für Könige und andere Herrscher ein häufiges Motiv, um sich Astrologen und Hellseher zu verpflichten.

Wenn man Menschen begegnet, die fähig sind, in die Zukunft zu blicken, dann fordert man sie in der Regel dazu auf, ihre Begabung unter Beweis zu stellen. Meist werden sie dieser Aufforderung nachkommen, indem sie Einzelheiten aus dem Leben des Fragenden und seiner Familie nennen.

Bei Nostradamus verhält es sich anders. Er war nicht an Einzelschicksalen interessiert, sondern ihm ging es allgemein um die Geschichte der Menschheit und im besonderen um jene der Christenheit bis zu jenem Zeitpunkt, an dem die Erde untergehen würde. Er zeigt den Menschen jeder Epoche, welche Richtung eine politische Entwicklung nehmen wird oder welche Tendenz in einer gesellschaftlichen Veränderung liegt. Die Voraussetzung ist natürlich das Wissen um die genaue zeitliche Zuordnung der Verse.

Der Prophet Nostradamus wollte in seinen Texten jedoch nicht die Schicksalsschläge beschreiben, welche die Menschheit zu erleiden hat, sondern jene, welchen sie ausweichen sollte, indem sie bestimmte Regionen, einen Staat oder eines Tages vielleicht den Planeten verläßt. Ja, Sie haben richtig gelesen, denn die Prophezeiungen des Nostradamus reichen bis zum Jahr 3797, und wer weiß schon, wozu die Menschheit dann in der Lage sein wird? Der Zeitabschnitt, der in diesem Buch lesbar gemacht werden soll, umfaßt allerdings nur die nächsten 100 Jahre.

Wir befinden uns an der Schwelle zum nächsten Jahrhundert und gleichzeitig zum nächsten Jahrtausend. Diese Jahrtausendwende ist die Folge einer willkürlichen Zählung, welche für die Christenheit ohne Anspruch auf universelle Gültigkeit festgelegt wurde. Gleichgültig, ob die ganze Welt die Jahre nach diesem Schema zählt, es ist eine zweckdienliche Meßlatte.

DAS
21. JAHRHUNDERT

DAS JAHRHUNDERT DER GROSSEN BEWEGLICHKEIT

Nachdem ich die Verse des Nostradamus für dieses Jahrhundert durchgearbeitet hatte, kam ich zu dem Schluß, daß man es treffend als das Jahrhundert der großen Beweglichkeit bezeichnen könnte, denn durch dieses Schlagwort läßt sich die entscheidende Entwicklung in den nächsten 100 Jahren treffend beschreiben, welche Nostradamus in dem folgenden Vers thematisiert:

> **100.**
>
> **Le grand Empire sera par Angleterre,**
> **Le Penporam des ans plus de trois cens :**
> **Grandes copies passer par mer et terre ,**
> **Les Lusitains n'en seront pas contens.**

IX. CENTURIE, VERS 100, PROPHEZEIUNG FÜR DAS JAHR 2000:
Große Serienfahrzeuge fahren über das Meer und das Land
Die mit klarem Verstand werden darüber nicht glücklich sein

Dieser Text bringt eindeutig zum Ausdruck, daß der Weltbevölkerung die unbeschränkte Bewegungsfreiheit unmittelbar bevorsteht. Aber auch in den nachfolgenden Versen für das 21. Jahrhundert fallen direkte und indirekte Bemerkungen auf, die sich auf eine Welt beziehen, in der Reisen an jeden beliebigen Punkt der Erde möglich sind. Der Schwerpunkt in diesen Hinweisen des Nostradamus liegt jedoch vor allem darauf, daß diese neue Bewegungsfreiheit für alle Menschen gleichermaßen gilt. Dies kann natürlich nicht ohne Folgen bleiben.
Wer heute in einem westlichen Industriestaat lebt und über das nötige Geld verfügt, kann, zumindest theoretisch, per Schiff, Flugzeug, Bahn, Auto oder zu Fuß jeden beliebigen Ort der Erde besuchen. Allenfalls politische Gründe, wie ein

Visumzwang oder ein generelles Einreiseverbote, schränken den Reiselustigen ein. Ein Inder, der täglich den Kampf ums Überleben kämpft, scheint weit davon entfernt, sich den Traum des Reisens erfüllen zu können. Dem Wohlhabenden steht die Welt offen, dem Armen ist diese Beweglichkeit noch verwehrt.

NEUARTIGE BEFÖRDERUNGSSYSTEME

Nostradamus geht in seinen Prophezeiungen davon aus, daß die Kosten für Fernreisen im Laufe der nächsten Jahrzehnte durch neuartige Beförderungssysteme für jedermann erschwinglich sein werden. Wem es schwerfällt, sich eine solche umwälzende Neuerung vorzustellen, der möge an eine Art globales Straßenbahnnetz denken. Auch Menschen mit geringem Einkommen werden dann nach Belieben verreisen können.

„Große Serienfahrzeuge fahren über das Meer und das Land. Die mit klarem Verstand werden darüber nicht glücklich sein".

Der Seher aus Salon-de-Provence bezeichnet den neuen Typ Beförderungsmittel als „Serienfahrzeuge". Ich schließe daraus, daß es sich um ein Massenprodukt handeln muß, welches sowohl über Wasser als auch über Land fahren kann. Ob man es sich wohl als eine Art Luftkissenfahrzeug vorstellen muß? Doch so einfach scheint die Lösung nicht zu sein, denn diese neuen Fahrzeuge müssen eine entsprechend große Zahl von Menschen transportieren können, um die Rentabilität eines auf ein Minimum gesenkten Fahrpreises zu gewährleisten. Nach heutigem Wissensstand wird dies bei Luftkissenfahrzeugen nie möglich sein.

Hinweise auf neuartige Beförderungssysteme gibt es derzeit tatsächlich genug. Da wären ein in Planung befindliches russisches Superflugzeug, welches Tausende von Passagieren befördern kann und in geringer Höhe fliegt, um Treibstoff zu sparen.

Die große Beweglichkeit

In anderen Ländern wird an Flugzeugen gearbeitet, die praktisch nur noch aus einer riesigen Tragfläche bestehen. Auf den Werften der Welt werden Superschiffe entworfen, die mehr schwimmenden Städten gleichen und bis zu zehntausend Fahrgäste befördern können. Die Weiterentwicklung von Magnetschwebebahnen, wie etwa die umstrittene Transrapid-Verbindung zwischen Hamburg und Berlin, lassen ebenfalls ein heraufziehendes Zeitalter der Massenbeförderung erwarten. Das von Nostradamus als „Serienfahrzeug" beschriebene Transportmittel wird wohl kaum ein reines Flugzeug oder Schiff sein. Wahrscheinlicher scheint mir eine variable Kombination aus beidem. Für mich steht jedenfalls fest, der heutige Planungsstand der Infrastruktur zielt in die Richtung, die Nostradamus in seinen Vorhersagen beschreibt.

Weil ich gerne reise, ist für mich die Vorstellung eines globalen Beförderungssystems zum Minitarif einfach faszinierend. Doch welche Folgen wird es haben, wenn alle Menschen auf dieser Erde von der Reiselust gepackt werden und wenn jedermann verreisen kann, wohin er will? Solche Veränderungen müssen gravierende Konsequenzen haben!

Nostradamus bringt das Problem im Zusammenhang mit den kommenden Jahrhunderten mehrfach zur Sprache. Im 21. Jahrhundert kommt es jedoch noch nicht in seiner ganzen Dramatik zum Ausbruch. Aber immerhin sagt der Seher ja auch: „Die mit klarem Verstand werden darüber nicht glücklich sein." Zweifelsohne sind hier jene Menschen gemeint, die genug Weitblick haben, um die Auswirkungen solcher Neuerungen in der Zukunft wahrzunehmen.

KURZFRISTIGE FOLGEN DER TOTALEN MOBILITÄT

Ich vermute, daß diese allgemeine Mobilität auf der politischen Ebene zunächst einmal das Problem der Asylanten verschärfen wird. Die Staaten werden sich dazu veranlaßt sehen, entweder ihre Grenzen hermetisch abzuriegeln oder aber ihr bisheriges Wohlfahrtssystem zu ändern.

Denkbar wäre ein Lösungsmodell, bei dem zwar die Grenzen offen sind, welches Sozialleistungen jedoch nur noch an Stammbewohner bezahlt, die durch eine Geburts-, Steuer- oder Anspruchsnummer kenntlich gemacht werden. Dort, wo man geboren wurde oder seiner Steuerpflicht nachkommt, dort erhält man auch seine Rente oder Sozialleistungen. Darüber hinaus kann sich jeder auf dem Globus bewegen, wie, wann und wohin er will. Im Ansatz hat die Schweiz mit ihren Kantonen das „Heimatrecht" schon seit Jahrhunderten verwirklicht.

Solche kurzfristigen Übergangsprobleme sind in der ersten Phase eines beginnenden Globaltourismus durchaus denkbar. Doch hat Nostradamus mit seiner zweiten Verszeile, „Die mit klarem Verstand werden darüber nicht glücklich sein", nicht auf diese durch Wirtschaftsflüchtlinge verursachten anfänglichen Schwierigkeiten gezielt. Seinen weiteren Prophezeiungen zufolge werden sie schon Mitte des nächsten Jahrhunderts kein Thema mehr sein.

Vielmehr werden die Staaten, wie sich später noch zeigen wird, wegen eines grundsätzlich veränderten Verhältnisses zu ihren Bürgern die Versorgung jedes einzelnen mit allem Lebensnotwendigen fast zum Nulltarif übernehmen. Um jedoch kein Mißverständnis aufkommen zu lassen, sollte erwähnt werden, daß mit dem Lebensnotwendigen Unterkunft, Nahrungsmittel, die medizinische Versorgung und die Versorgung im Alter oder bei Krankheit gemeint ist. Für den persönlichen Luxus übernimmt der Staat die Verantwortung nicht; in dieser Hinsicht werden sich die Bürger dieses Planeten bis zum Ende ihrer Zeit auf dieser Erde voneinander unterscheiden.

Den Versuch, alle Menschen „gleich"zuschalten, wird es noch mehrfach geben. Einmal spricht Nostradamus von einem „Senat der Unterschiedslosigkeit", der jedoch zum Scheitern verurteilt ist. Zweimal erwähnt er den „Versuch, das Geld ungesetzlich zu machen". Doch im Geheimen setzt es sich erneut durch, und der Tausch von „Wohlleben (Luxus) gegen Geld" erobert die Welt erneut.

LANGFRISTIGE FOLGEN DER TOTALEN MOBILITÄT

Warum sind „die mit klarem Verstand" beziehungsweise die Menschen mit Weitblick nicht glücklich über die totale Mobilität? Auf welche Schwierigkeiten will Nostradamus mit dieser Verszeile hinweisen?

Diese Fragen lassen sich nur beantworten, wenn man die Entwicklung über das 21. Jahrhundert hinaus weiter verfolgt. Bedingt durch die ungehinderte Reisemöglichkeit, die etwa ab dem Jahre 2035 zur Realität wird, beginnt eine allmähliche Vermischung der Rassen und Hautfarben. Nach Nostradamus wird dieses Phänomen schon nach zwei Jahrhunderten, also etwa um 2200, so weit fortgeschritten sein, daß die Abgrenzung von Rassen über die Hautfarben nicht mehr möglich ist.

In bestimmten Bereichen wird die Rassenvermischung sich als günstig erweisen. So weissagt der Prophet, daß Mischlinge aus schwarz- und gelbhäutigen Menschen eines Tages die ideale Besatzung für die im Weltraum operierenden Stationen und Fahrzeuge sein werden.

Am Ende dieser Entwicklung, etwa um das Jahr 2600, wird der Mensch eine Mischung aus allen Rassen des Planeten sein. Am einzelnen wird nicht mehr feststellbar sein, welchen Rassen seine Vorfahren entstammten. Manche Weltanschauung, die heute im Zusammenhang mit der Vorstellung von der Gleichheit

Die große Beweglichkeit

aller Menschen, das Paradies auf Erden erträumt, wird ihren Traum dann auf unerwartete Weise verwirklicht sehen. Unterschiedliches Aussehen und spezifische Merkmale, anhand derer die Zugehörigkeit zu einer bestimmten Rasse festgestellt werden kann, wird es dann nicht mehr geben.

Gegen diese Entwicklung ist heftigster Widerstand zu erwarten. Laut Nostradamus wird dieser hauptsächlich aus Indien und China kommen. Ob die Gegenwehr von den Menschen aller anderen Hautfarben gewünscht oder bekämpft wird, darüber sagt Nostradamus nichts.

Der Nachsatz des Nostradamus, „die mit klarem Verstand, werden darüber nicht glücklich sein", läßt darauf schließen, daß die Menschheit schon in den nächsten 40 Jahren mit einer weltweiten Bewegung rechnen muß, deren Motto eine Parole wie „haltet die Hautfarbe unverfälscht" sein könnte. Für diejenigen, welche diese Entwicklung noch miterleben werden, sei gesagt: Die Rassenvermischung ist nicht aufzuhalten, denn sie ist die Voraussetzung für einen wesentlichen Teil der zukünftigen Geschichte der Menschheit.

DER URSPRUNG DER HAUTFARBEN

Neben den „großen Prophezeiungen" zur Weltgeschichte bis zum Jahre 3797 hat Nostradamus der Nachwelt besonders verschlüsselte, uralte Überlieferungen hinterlassen. Mit der Suche nach den Quellen beschäftige ich mich seit einem Jahrzehnt. Offenbar wurde der Seher dieser Dokumente zwischen 1530 und 1550 in den Archiven des Vatikan habhaft. Nachdem er die wichtigsten Texte in Form von 100 Thesen in seinen „großen Prophezeiungen" versteckt hatte, so schreibt er unverschlüsselt im Vorwort an seinen Sohn César, verbrannte er die Quellendokumente. Sie waren für das 16. Jahrhundert zu brisant. Zwar war Nostradamus als Ratgeber des französischen Königs gegen Verfolgung einigermaßen sicher, nicht aber seine Erben. Hätte man bei ihnen Dokumente gefunden, in denen es heißt, „Eden ist nicht auf Erden gewesen" oder „Die Menschheit ist wegen eines Fehlers auf die Erde verbannt worden", dann wären sie in gefährliche Bedrängnis geraten.

In den vernichteten Dokumenten wird behauptet, daß die unterschiedlichen Hautfarben der Menschen auf der Erde darauf zurückzuführen sind, daß die Völker durch die Engel Gottes auf verschiedenen Planeten eingesammelt und nach hierher gebracht wurden. Ziel und Aufgabe für die auf die Erde verschleppten Menschen sei es, den Fehler an sich selbst zu reparieren und auf diese Weise als eine Rasse in den alten Himmel zurückzukehren. Mit der Bezeichnung „Himmel" war allerdings nicht, wie man vielleicht annehmen möchte, das Paradies gemeint. Nostradamus behauptet, daß der Mensch noch fast 1 800 Jahre auf diese Rückkehr warten muß.

Man kann zu der These einer möglichen Einheitshautfarbe stehen wie man will, im 21. Jahrhundert wird sie noch ohne Bedeutung sein. Zu erwarten ist der für die Menschen schmerzliche Aufbruch zu diesem Ziel jedoch erst im nächsten Jahrhundert.

ALLGEMEINE VORAUSSAGEN
GESUNDHEIT FÜR ALLE UND EIN LANGES LEBEN

Im 21. Jahrhundert krönt die Medizin sich selbst. Um das Wichtigste vorwegzunehmen: Erst werden die Ärzte lernen, das Altern des Menschen zu verzögern und dann, zum Ende des Jahrhunderts, sogar generell zu stoppen. Es beginnt eine Zeit, in welcher der biblische Methusalem zur Realität geworden ist.

96.

Dans cité entrer exercit desnice,
Duc entrera par persuasion,
Aux foibles portes clam armee amenee,
Mettront feu, mort de sang effusion.

Die erste Etappe der Medizin wird, so sagt es Nostradamus, darin bestehen, daß sie das Leben des Menschen weit über die Marke 120 Jahre hinaus verlängert. Mancher wird noch Zeuge oder gar erstes Objekt dieser medizinischen Großtat sein. Nur das Endziel dieser Entwicklung, ein Alter von 200, 300 oder noch mehr Jahren, wird niemand von jenen, die heute schon geboren sind, erreichen. Die ersten Menschen, für die der Alterungsprozeß der Vergangenheit angehört, dürften um das Jahr 2070 geboren werden.

Für den heutigen Menschen bleibt die Vorstellung, nicht mehr altern zu müssen, ein Traum, für seine Urenkel stellt sie einen unglaublichen Triumph dar und für deren Nachkommen, etwa 300 Jahre später, wird sie zur Tragödie. Diejenigen, die nicht mehr sterben können, werden nach 400 Jahren ihres Lebens müde sein, sind aber nicht mehr fähig, eines natürlichen Todes zu sterben. Verändert man den Text in der Offenbarung des Johannes, „selig sind die Toten", nur ein wenig zu „selig

Allgemeine Voraussagen

sind die, die natürlich sterben konnten", dann ist damit das Kernproblem, welches hinter dieser Tragödie steckt, treffend beschrieben.

TIERE ALS ORGANSPENDER: Und Nostradamus beschreibt sie, jene Menschen die ihre Lebensjahre nicht mehr zählen müssen und sie am Ende sogar nicht mehr zählen können. Heute noch unvorstellbar alte Menschen, die wissen, daß sie vor 250 Jahren schon gelebt, die aber die Details ihres Lebens vergessen haben. So wie es sich in den Versen des Nostradamus nach dem Jahr 2350 darstellt, deutet alles darauf hin, daß diejenigen, die sich für ein Leben entschieden haben, welches länger als 150 Jahre währen soll, nur noch die lebenswichtigsten Teile des Gehirns von Geburt an ihr eigen nennen können, alle anderen Organe werden ausgetauscht. Wörtlich schreibt Nostradamus: „Aus Schweinen werden halbe Menschen gemacht." Vor 100 Jahren hätte ein Leser mit dieser Verszeile kaum etwas anfangen können. Heute ist das anders. Wie ich werden die Leser dieses Buches verstehen, daß Nostradamus hier das Schwein als Organspender für den Menschen beschreibt. Warum soll es nicht so sein, wenn es erst einmal gelingt, die Immunreaktionen des menschlichen Körpers problemlos zu steuern oder gar so zu so verändern, daß eine ständige Gabe von Wirkstoffen zur Immunsuppression nicht mehr notwendig ist?

EPIDEMIEN IN EUROPA: Seuchen und Epidemien wird es, wenn man dem großen Seher glauben darf, in Europa letztmals im 20. Jahrhundert geben. Zum Beispiel beschreibt er für das letzte Jahrzehnt eine solche Krankheit mit den Worten „Tausende haben virulente Übungen". Unklar ist zur Zeit noch, ob er damit AIDS, den Ebola-Virus oder eine noch unbekannte dritte Krankheit meint.
Für das Jahr 2013 schreibt er in seinem Text: „Der Senat von London stirbt lange und leicht." Spricht er hier von einer bakteriologischen Waffe, die in dem dann stattfindenden globalen Konflikt zum Einsatz kommt, oder ist es gar der BSE-Erreger des Rinderwahnsinns, der auf den Menschen übergesprungen ist und nach 15 Jahren Inkubationszeit zum Ausbruch kommt?

MEDIZIN IM 21. JAHRHUNDERT: Es gibt nur zwei Verse, die sich auf die Medizin des 21. Jahrhunderts beziehen. Als wollte Nostradamus jenen, die seine „großen Prophezeiungen" erstmals entschlüsseln, den Rat geben, nicht mehr weiter nach Voraussagen für die Medizin zu suchen, fügt er hinzu: „Wieder grün wird die Medizin werden". Das bedeutet, daß nach einer hektischen Phase der Entwicklung nun ein relativer Stillstand in der Medizin folgt, der vom Ende dieses Jahrhunderts an fast 60 Jahre lang dauern wird. Was wieder grün wird, muß zuvor dürr, trocken und kahl gewesen sein.

49

63.

Cydron , Raguse li cité au sainct Hieron ;
Reuerdira le medicant secouts :
Mort fils de Roy , par mort de deux heron ,
L'Arabe, Hongrie feront un mesme cours.

X. Centurie, Vers 63, Prophezeiung für das Jahr 2063:
Sterne man verjüngt — dies ist der Ort der heiligen
Dreiheit. Wieder grün wird die Medizin werden — zuvor Hilfe.

Wahrscheinlich reicht der heutige Wissensstand noch nicht aus, um die „Sterne"
in diesen Versen eindeutig zu identifizieren. Möglicherweise sind hier jedoch die
der Medizin seit langem bekannten sternförmigen Ganglienzellen gemeint. Diese
Nervenzellen sind nicht dazu in der Lage, Abbauprodukte ihrer winzigen Chemie
auszustoßen. Folglich müssen sie den Unrat, den sie produzieren, einlagern. Mit
den Jahren lassen die Ganglienzellen in ihrer Funktion mehr und mehr nach, und
der Mensch altert.

Sollte Nostradamus mit seinen „Sternen"
tatsächlich die Ganglienzellen meinen, dann wird es der Medizin ab
2060 voraussichtlich gelingen, diese sternförmigen
Zellen mit ihren Ner-
venzellenfortsätzen zu
regenerieren, indem
sie diese von ihrem
Ballast befreit, Fehl-
funktionen behebt
oder möglicherwei-
se im hohen Alter
systematisch ersetzt.
Gut möglich, daß eine
wichtige Voraussetzung
zur Überwindung von Krankheit
in der Regenerierung dieser Nervenzellen liegt.

Das menschliche Gehirn

Allgemeine Voraussagen

Nostradamus liefert den Ärzten noch einen zweiten Anhaltspunkt. Er nennt den „Ort der heiligen Dreiheit". Damit könnte er die Hirnanhangdrüse (Hypophyse) meinen, die in der Tat aus drei Lappen besteht. Sie steuert einen großen Teil der Körperfunktionen, indem sie mittels Botenstoffen Befehle an die Zielorgane schickt. Wenn die Medizin für Nostradamus „wieder grün wird", bedeutet dies, daß sie durch die Entdeckung gewisser Zusammenhänge zwischen Ganglienzellen und der Hypophyse einen Wissenssprung erfahren wird. Was könnte dies in der Praxis bedeuten? Nervenzellen regenerieren sich bekanntlich nicht. Wenn Nervenzellen die aus dem Gehirn stammenden Anweisungen nicht korrekt weiter- oder wiedergegeben, dann kommt im Zielorgan entweder ein falscher oder gar kein Befehl an. Ständige falsche Befehle korrigiert der Körper einige Zeit lang durch Gegenregulationen. Wenn jedoch die Grenze erreicht ist, dann führen die Signale zu einer Fehlfunktion des Zielorgans. Ab diesem Zeitpunkt spricht man davon, daß dieses Organ krank ist. Vermutlich werden die Ärzte des Jahres 2063 die Botschaften aus dem Gehirn an die Organe so perfekt verstehen, daß sie gezielt korrigierend eingreifen können. Die bedeutet, Organe werden nicht mehr krank, sondern können allenfalls verschleißen, und dann werden sie ersetzt.

Unvorstellbar? Für Nostradamus keineswegs, denn ihm zufolge wird diese Entwicklung der entscheidende medizinische Durchbruch in der zweiten Hälfte des 21. Jahrhunderts sein. Ich stelle mir vor, daß unsere Enkel von klein auf regelmäßig zur Vorsorgeuntersuchung ihrer Nervenbahnen gehen werden. Mögliche künftige Fehlfunktionen der Organe und Krankheiten werden auf diese Weise lange bevor sie spürbar werden schon wieder behoben sein.

Nervenzelle

DAS ENDE DES ALTERNS: Ab dem Jahr 2060 beginnt also das Zeitalter der Gesundheit. Von da an geht es nur noch um die Verlängerung des Lebens, bis das Ziel 30 Jahre später, im Jahre 2097, endlich erreicht ist.

X. CENTURIE, VERS 97, PROPHEZEIUNG FÜR DAS JAHR 2097:
Dreifach nachgemessen worden ist alles — das Alter gefangengenommen

Verknüpft man die „Stadt der heiligen Dreiheit" aus der Zeit um 2060 mit dem Hinweis auf „dreifaches Nachmessen", dann stößt man auf den indirekten Hinweis, daß an einer bestimmten Stelle irgend etwas verglichen wurde und daß dies zur Entdeckung der Ursachen des Alterns geführt und es schließlich gestoppt („gefangengenommen") hat.

Doch, was im 21. Jahrhundert als Triumph der Medizin gefeiert wird, verändert von nun an die Regeln des gesellschaftlichen Zusammenlebens der Menschen.

Schon heute ist es dank der gesteigerten Lebenserwartung kaum noch vorstellbar, mit einem einzigen Partner ein ganzes Leben lang zusammen zu sein. Wie soll das erst werden, wenn ein Leben 400 bis 500 Jahre währt? Oder stellen Sie sich vor, Sie organisieren im Alter von 450 Jahren ein Familientreffen. Ihr 400jähriger Sohn wird ebenso erscheinen, wie Ihre 395 Jahre alte Tochter. Niemand wird im Traum daran denken, Sie wegen Ihres „hohen" Alters besonders zu ehren, denn was bedeuten schon 50 Jahre mehr oder weniger? Und stellen Sie sich vor, wie Sie sich als Mutter fühlen, wenn Sie daran denken, daß Ihr Sohn oder Ihre Tochter keine Körperteile außer dem Gehirn besitzen, die Sie geboren haben. Das sind ohne Zweifel schockierende Vorstellungen.

Wenn Menschen tatsächlich so alt werden sollten, dann wird sich einiges im Hinblick auf Kindheit, Jugend, Familie, Gesellschaft und Staat ändern müssen. Kein Wunder, daß Nostradamus schon bald darauf von großen gesellschaftlichen Veränderungen spricht.

WOHLSTAND FÜR ALLE

DIE ERSTE WOHLSTANDSPERIODE: In den hundert Versen der X. Centurie, die Nostradamus für das 21. Jahrhundert hinterlassen hat, beschreibt er drei Perioden des Wohlstands in Europa. Die erste Periode wird in den nächsten Jahren beginnen und bis 2010/2011 fortdauern.

Ein Konflikt im Nahen Osten, welcher um das Jahr 2000 zum Ausbruch kommt, wird die Bevölkerung der westlichen Länder in einem unvorstellbaren Ausmaß in Schrecken versetzen. In der Folge wird das Bedürfnis nach Sicherheit und somit nach Aufrüstung steigen, damit das Erreichte bewahrt werden kann. Dieser Rüstungsboom, der neue Waffen hervorbringen wird, löst zu Beginn des nächsten

Jahrtausends auf der nördlichen Halbkugel eine noch nie vorher in diesem Ausmaß dagewesene Wohlstandswelle aus. Allerdings beschreibt Nostradamus diesen neuen Wohlstand nur indirekt, dennoch ist er aus dem folgenden Vers leicht abzulesen:

X. CENTURIE, VERS 12, PROPHEZEIUNG FÜR DAS JAHR 2012:
Auf dem Höhepunkt des Wohlstands wird es sie treffen,
womit sie nie gerechnet haben.

X. CENTURIE, VERS 18, PROPHEZEIUNG FÜR DAS JAHR 2018:
Das Hohe wird tief stürzen und das Niedere wird erhöht

Nostradamus meint, daß die Wirtschaft in der Europäischen Union, jenseits des Jahres 2000 und nach einer aufregenden Serie von Konflikten, boomen wird. Auf dem Höhepunkt dieser Phase wird es zu zwei blutigen Konflikten kommen, von denen die gesamte nördliche Halbkugel betroffen sein wird. Durch eine politische Intrige werden die mächtigsten Staaten in zwei Kriege hineingezogen, welche die politische Landschaft für Jahrhunderte verändern werden, aber davon später.

DIE ZWEITE WOHLSTANDSPERIODE UND EIN NEUES WIRTSCHAFTSSYSTEM: Sie soll nach 2025 beginnen. Soweit Nostradamus in dieser Hinsicht heute bereits richtig verstanden werden kann, wird diese Phase durch den Aufbau beziehungsweise Ausbau der Territorien Weißrußlands und der heutigen Ukraine zu einem Europäischen Wohn- und Handelszentrum ausgelöst. Die Verlegung einer europäischen Hauptstadt in eine weite, ebene Fläche aus der sich ein Wahrzeichen erhebt, welches Nostradamus als „hohes spitzes Haus" und als Sitz der europäischen Regierung beschreibt, wird in dieser Periode maßgeblich sein. Außerdem wird Spanien in der europäischen Region die dominierende Rolle im 21. Jahrhundert spielen.

Nostradamus bezeichnet die zweite Wohlstandsphase als eine völlige Neuorientierung der Wirtschaft. Dabei bleibt offen, ob man nach 2037 überhaupt noch von einem Wirtschaftssystem wird sprechen können.

X. CENTURIE, VERS 37, PROPHEZEIUNG FÜR 2037:
Die Versammlung der Großen nahe des Sees der Bürger
Sich versammeln nahe der süßen Lüge — 1 Jahr
Händler sehr aufgebracht — Denker Pläne machen werden
Werden warten 1 000 Vermögen — 1 Jahr Kampf des heiligen Julius

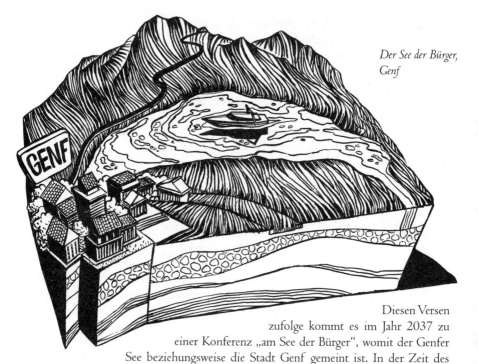

Der See der Bürger, Genf

Diesen Versen zufolge kommt es im Jahr 2037 zu einer Konferenz „am See der Bürger", womit der Genfer See beziehungsweise die Stadt Genf gemeint ist. In der Zeit des Nostradamus galt Genf als die Hochburg des bürgerlichen Lagers. Von dort aus verbreitete sich ab 1555 die Calvinsche Lehre, welche auch in Frankreich ihre Spuren hinterließ.

Was macht mich, von den historischen Zusammenhängen einmal abgesehen, so sicher, daß mit dem „See der Bürger" Genf gemeint ist? Im ersten Drittel des nächsten Jahrhunderts wird Genf zum Zentrum des europäischen Geldhandels aufsteigen. Dies mag auch mit der Spaltung der UNO in mohammedanische und nichtmohammedanische Staaten zusammenhängen, welche dazu führt, daß nach 2020 der Sitz der „christlichen" UNO nach Genf verlegt wird. Zu diesem Zeitpunkt hat die Schweiz ihre Neutralität bereits aufgegeben.

Keiner der Nostradamus-Verse, die ich bisher bearbeitet habe, enthält eine für die Verhältnisse des Sehers so ausführliche Beschreibung des Konferenzklimas. Es hat den Anschein, als ob Nostradamus den dann lebenden Menschen raten will, sich nicht von den unterschiedlichen Standpunkten der einzelnen Interessenvertreter irritieren zu lassen.

Offensichtlich stehen sich in der Situation auf der einen Seite „Händler" und auf der anderen „Denker" oder Planer beziehungsweise Reformer gegenüber. Worum

Allgemeine Voraussagen

Die offizielle Flagge der Vereinten Nationen

es in dieser Konferenz geht, dazu sagt Nostradamus leider nichts. Doch aus allem, was nach 2040 kommt, ist zu ersehen, daß es jedenfalls keine „Händler" mehr geben wird. Scheinbar ist die neue, revolutionäre Idee des 21. Jahrhunderts die Abschaffung des Handels. Hinfort gibt es nur noch Erzeuger und Verbraucher. Die Produzenten von Waren verkaufen ihre Produkte an den Staat, der sie an seine Bürger fast zum Nulltarif weitergibt. Wer jedoch annimmt, daß dies eine neue Form des Kommunismus ist, der irrt. Karl Marx und all seine Nachfolger sind um 2040 alles andere als ein aktuelles Thema. Nostradamus sah voraus, daß sich durch dieses neue Versorgungssystem der Bevölkerung das größte Privatvermögen ansammeln wird, das es je auf Erden gab. Er erwähnt jedoch nicht, auf welche Weise die Menschen ihr Vermögen verdienen

werden. Doch es muß sich wohl um die Herstellung innovativer Produkte aus allen Bereichen des täglichen Konsums handeln, die jedermann besitzen will oder von Staats wegen braucht.

Die Entscheidungen, die zu Gunsten dieses neuen Wirtschaftssystems getroffen werden müssen, können offenbar sehr schnell umgesetzt werden, denn bereits sechs Verse später äußert sich Nostradamus folgendermaßen:

X. CENTURIE, VERS 43, PROPHEZEIUNG FÜR 2043:

Die sehr gute Zeit sehr guter Königsherrschaft
Wohlbehagen — und Unbehagen durch plötzliche Fahrlässigkeit
Zurückgekehrt zur Oberflächlichkeit wird man Fehler begehen
Das Licht wird dort abgeschafft durch ihre guten Flüge

Obwohl also das neue System in nur sechs Jahren durchgesetzt werden konnte, scheinen sich doch in der Folge typische menschliche Schwächen einzuschleichen. Die zweite Hälfte des Verses gibt dies in aller Deutlichkeit wieder.

Der heutige Leser dieses Verses kann nicht erkennen, welche „Fehler" begangen werden könnten und welche Art „Fahrlässigkeit" und „Oberflächlichkeit" zu diesen Fehlern führen werden. Die Zeilen sind auch weniger als Warnung zu verstehen, sondern sollen lediglich darauf hinweisen, daß dieses neue Versorgungssystem der Menschheit mit Anlaufschwierigkeiten zu kämpfen hat.

Im Jahr 2045, also kurze Zeit später, scheinen dem Staat, welcher zu diesem Zeitpunkt die größte Flotte unterhält, Fehler zu unterlaufen, die etwas mit der Umsetzung des neuen Systems in der Verwaltung oder mit Fahrlässigkeit zu tun haben. Ob es sich dabei um die USA handelt, die in unserer Zeit die weltweit größte Flotte unterhalten, geht aus dem Text nicht schlüssig hervor.

X. CENTURIE, VERS 45, PROPHEZEIUNG FÜR DAS JAHR 2045:

Der Schatten der Regierung der Schiffe — hinter ihr kein Wohlstand

Die Zusammenhänge im Jahre 2045 scheinen politischer Natur zu sein. Mit etwas Phantasie könnte man den Begriff „Schatten" dahingegen auslegen, daß im Einflußbereich der Vereinigten Staaten, zu denen, das darf nicht übersehen werden, vermutlich schon die südamerikanischen Staaten gehören, dieser Wohlstand nicht zum Erblühen kommt.

EIN LEBEN IN WOHLSTAND: Um 2046 ist der Höhepunkt dieser zweiten Periode des blühenden Wohlstands überschritten, und Nostradamus vermerkt ärgerlich:

X. Centurie, Vers 46, Prophezeiung für das Jahr 2046:
Leben — meinetwegen stirb am Reichtum des Goldes —
Haus der Einweihung ohne Würde

Und wenige Jahre später:

X. Centurie, Vers 50, Prophezeiung für das Jahr 2050:
Die Seelen benutzen den Tag — vier Irrtümer wegen des Luxus der Bürger
Wird aufgedeckt bei der eins

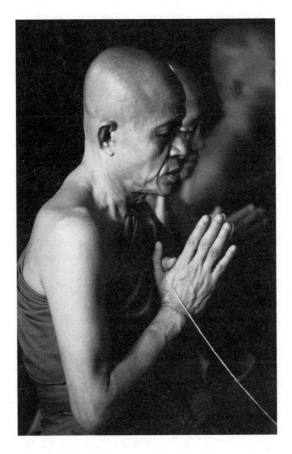

„Die Rasse der Kahlgeschorenen ist nicht davon betroffen" …

Im Wohlstand zu leben, will gelernt sein, und im 20. Jahrhundert hatte bisher nur eine Minderheit die Gelegenheit, dieses Wissen zu erwerben. So lange das Wohlstandsgefälle anhält, welches sich in einer sehr kleinen reichen und in einer sehr großen armen Bevölkerungsschicht manifestiert, scheinen sich die ungünstigen Auswirkungen des Wohlstands in Grenzen zu halten. Welche Folgen jedoch wird es haben, wenn weltweit plötzlich alle Menschen wohlhabend sind? Wird Frieden die Folge sein? Vielleicht. Oder Zufriedenheit? Fraglich. Übermut aber wird mit Sicherheit auf jeden Fall zu erwarten sein.

Irgendwo im Spektrum menschlicher Schwächen werden sich Fehler einschleichen. Der Versuch, von der Vorgabe abzuweichen, wird sich, wenn man mit der Lektüre der Nostradamus-Vorhersagen fortfährt, in der Hemisphäre des Buddhismus nicht einschleichen. „Die Rasse der Kahlgeschorenen ist nicht davon betroffen", heißt es in der X. Centurie, in Vers 50.

Die zweite Wohlstandsperiode im 21. Jahrhundert schließt Nostradamus mit der Beschreibung der neuen Hauptstadt: „Spitzer Berg und ebene Stadt ist dann Kopf der Bürger," heißt es ebenfalls in der X. Centurie, Vers 50.

DAS ENDE DER TIERZUCHT: Dieses wird durch eine Anmerkung in der Prophezeiung für 2052 markiert.

X. CENTURIE, VERS 52, PROPHEZEIUNG FÜR DAS JAHR 2052:
Zu der Bodenhefe will man werfen Zellgewebe damit es sich verheiratet
Es werden sein die Edelmütigen — die dieses für lange Zeit handhaben werden

Ich gebe gerne zu, daß ich die Worte „Bodenhefe" und vor allem den Begriff „Zellgewebe" sehr frei übersetzt habe, denn schließlich denkt und schreibt Nostradamus ja in der Vorstellungswelt seiner Zeit. Die Botschaft dieser Zeilen ist dennoch dazu angetan, den heutigen Menschen erschauern zu lassen. Die heute so beliebten Fleischlieferanten wie Kühe, Schweine, Hühner und Schafe wird es im Jahre 2052 nicht mehr geben.

Nostradamus sieht, daß all diese Tiere ab Mitte des nächsten Jahrhunderts nicht mehr gezüchtet werden, und damit sterben sie praktisch aus. Die Menschen der Zukunft werden die einstigen Nutztiere nur noch in Gehegen zu sehen bekommen, die dem heutigen Zoo ähnlich sind. Der große Seher geht davon aus, daß es dann gelingen wird, fleischähnliche Produkte von Pflanzen zu ernten. Kurz, der Nahrungsmittelproduzent sät aus und erntet Fleisch.

Allgemeine Voraussagen

DAS GOLDENE ZEITALTER: Das „goldene Jahrhundert oder Jahrtausend" war ein Traum, eine Wunschvorstellung in der Renaissance. Die Kunst erwählte sich dieses Wunschbild zum Thema, schöne, gesunde Menschen, von edlem griechischen Geist geprägt, wurden in einer landschaftlich paradiesischen Welt dargestellt. Einmal in den verbleibenden Jahren bis 3797 wird sich ein solches goldenes Zeitalter tatsächlich realisieren, und Nostradamus lokalisiert es in der Zeit zwischen 2075 und 2100.

Hermes, der Götterbote, der Gott der Reisenden und des Handels

X. Centurie, Vers 75,
Prophezeiung
für das Jahr 2075:
*So sehr man es erwartet —
es wird nicht zurückkehren jemals
In vier Jahren in Europa und Asien
wird hervortreten
Einer der Vereinigung als Engel des
großen Hermes
Und alle Könige des Orients werden
(an ihn) glauben*

Die erste Zeile des Verses stellt eine Art Ausblick dar. Im zweiten Teil beschreibt Nostradamus eine weltumspannende Organisation, deren Präsident oder Vorsitzender nicht nur anerkannt, sondern geradezu verehrt wird. Der große Seher nennt ihn den „Engel des großen Hermes" (Hermes ist der Götterbote wie auch der Gott der Reisenden und des Handels) und verbindet mit diesem Titel auch einen Hinweis auf den Charakter des Anführers. In negativer Hinsicht hat er Gleiches getan, indem er, wie bereits an einer früheren Stelle erwähnt wurde, Hitler einen „Cäsar des Selbstgeschreis" genannt hat.

Das 21. Jahrhundert

X. CENTURIE, VERS 84, PROPHEZEIUNG FÜR DAS JAHR 2084:
Die Natur wird sehr erhöht — Hohes wird nicht gestürzt
Die vier Künste kehren zurück —
es kommt die Zeit wo sie zufrieden sich vereinigen
Der Krieg lange Zeit nicht mehr sein wird — er wird abgesattelt sein
Indem das Gesetz herrscht und vergessen ist alles der vergangenen Zeit

Was ist dem noch hinzuzufügen? Ein positiver Vers, wie man ihn vom Wanderer durch die Weltgeschichte nur selten zu lesen bekommt. Die vier Künste, von denen er spricht, sind das mittelalterliche Quadrivium, bestehend aus Arithmetik, Geometrie, Astronomie und Musik. Einige Leser dieses Buches werden das goldene Zeitalter vielleicht noch als Hundertjährige miterleben.

WELTBEWEGENDE ERFINDUNGEN

NOSTRADAMUS UND DIE TECHNIK

Der Seher aus Salon-de-Provence hat kaum eine der bedeutsamen Erfindungen des 18., 19. und 20. Jahrhunderts genauer beschrieben oder auch nur erwähnt. In seinen Versen wird weder die Erfindung der Eisenbahn, des Telegraphen, des Autos oder der Elektrizität thematisiert noch jene des Flugzeugs oder Computers.

Es gibt eine Reihe von Nostradamus-Forschern, die das anders sehen und Michel de Notredame als genialen technischen Propheten ähnlich wie Leonardo da Vinci verstanden wissen wollen. Wenn er sich für das 21. Jahrhundert überhaupt mit technischen Entwicklungen befaßt, dann greift er in der Regel den Gipfelpunkt der Nutzungsphase einer Erfindung heraus. Doch es gibt auch Ausnahmen, wie man am Beispiel der elektrischen Glühlampe gut sehen kann.

„Wenn die Lampen vom nichtlöschbaren Licht brennen, wird …" (IX. Centurie, Vers 9 beginnt Nostradamus mit einer seiner Prophezeiungen den Anfang dieses Jahrhunderts zu beschreiben. Natürlich ist für den modernen Menschen mit elektrischem Licht untrennbar die Möglichkeit verknüpft, es ein- und auszuschalten, wann man möchte. Doch der Prophet sieht vermutlich nur die Glühbirne und bringt den Schalter nicht unmittelbar mit ihr in Verbindung. Die Voraussetzung für die Erzeugung von Licht ist Elektrizität. Doch dies scheint Nostradamus in seinen Visionen nicht wahrgenommen oder als Voraussetzung für das Licht erkannt zu haben.

Weltbewegende Erfindungen

„*Wenn die Lampen vom nichtlöschbaren Licht brennen* ..."

EINE NEUE ENERGIEQUELLE

Mit dem Beispiel der Glühlampe im Gedächtnis soll nun die Aufmerksamkeit auf die größte Erfindung der nächsten 700 Jahre in der Chronik des Propheten gerichtet werden. Es geht um einen Gegenstand, eine Maschine oder ein Gerät, welches mit einem Ton, einer Frequenz oder Schwingung in Beziehung steht. Das Instrument wird sich später auch als ein Mittel der Kriegsführung erweisen – wie sollte es bei den Menschen auch anders sein. Dennoch hält Nostradamus es für die größte Erfindung der Menschheit überhaupt.

X. Centurie, Vers 28, Prophezeiung für das Jahr 2028:
Das Geheimnis kennt man – und drei gründen die erste Musik
Werden sein durch den König in Ehren unsterblich gemacht

Wie kann man sich schon heute eine Erfindung vorstellen, die erst in etwa 30 Jahren gemacht werden wird? Aus dem Vers läßt sich ermitteln, daß es um das Geheimnis des Tons geht. Normalerweise verläßt ein Ton die Schallquelle und verliert sich, je weiter er sich von seinem Ausgangspunkt entfernt, schließlich im Raum. Hier handelt es sich, dies machen entsprechende Hinweise in den Texten deutlich, die sich auf kommende Jahrhunderte beziehen, um einen „Transaktionston". Nicht der Mensch erzeugt diesen Ton, sondern er ist bereits vorhanden und kommt auf ihn zu. Sobald der Mensch dazu fähig ist, ihn zu erkennen und zu empfangen, wird er Zugang zu einer kostenlosen Energiequelle haben.

Drei Personen werden das Geheimnis des Tons lüften. Ihre Entdeckung wird so bedeutungsvoll sein, daß die Namen dieser drei Wissenschaftler für alle Zeiten Unsterblichkeit erlangen.

DIE EIGENSCHAFTEN DER NEUEN ENERGIEQUELLE: In dem Vers für das Jahr 2029 beschreibt Nostradamus, wie mittels dieses epochemachenden Geräts Energie produziert wird. Zahlreiche Unternehmungen der Menschheit in den nächsten Jahrhunderten wären ohne diesen Energielieferanten nicht möglich.

X. CENTURIE, VERS 29, PROPHEZEIUNG FÜR DAS JAHR 2029:
Vom Pol für 1000 Jahre die Sonne in die veränderliche Höhle gebracht
Versteckt und gefangen — nach außerhalb gezogen durch den Bart
Gefangen geführt wie Kranke die Masse der Eingeweihten
Der Hof des Bärtigen in Zuleitung nach den 4 Bäumen

Wenn man den Vers zerlegt, dann ist es möglich, erste Anhaltspunkte abzuleiten, die Aufschluß über die Funktionsweise der Anlage liefern.

„Vom Pol" könnte auf eine Ausnutzung der Erdmagnetfelder hindeuten, doch die Sonne scheint der eigentliche Energielieferant zu sein. Der Prozeß findet in einer „Höhle", also in einer unterirdischen Anlage statt. Diese Höhle verändert sich, das heißt, so vermute ich, sie wird größer und kleiner. „Gefangen" bedeutet in diesem Zusammenhang speichern. Der „Bart" symbolisiert Leitungen, welche die Energie nach außen führen. Die „vier Bäume" beziehungsweise Masten scheinen für die weitere Verteilung des Energiestroms zu sorgen. Schließlich nennt Nostradamus noch die Wissenschaftler, die voller Begeisterung über die Möglichkeiten sind, welche sich nun der Menschheit bieten.

HINWEISE AUF TEILCHENBESCHLEUNIGUNG: Welche Folgen hat es, wenn der Menschheit Energie zum Nulltarif unbegrenzt zur Verfügung steht? Auf jeden Fall muß es in der Forschung aus energetischen Gründen keine Einschrän-

Weltbewegende Erfindungen

kung mehr geben. Daher ist es kaum überraschend, wenn Nostradamus bereits für das Folgejahr die nächste wissenschaftliche Großtat ankündigt. Könnte es sein, daß es sich bei der Maschine, die in diesem Vers für das Jahr 2030 beschrieben wird, um einen Teilchenbeschleuniger handelt?

X. Centurie, Vers 30,
Prophezeiung für das Jahr 2030:
Nicht stinkend angezogen — Engel des heiligen Neuen kommt
Durch den Beinamen unterhält man das Tor das entdeckt wurde
Es wird sein gejagt — hingestellt zum Sterben — nackt gejagt
Aus Rotem und Schwarzem umgewandelt — ihr Grün

Wenn man diesen Text auf der Basis des heutigen Wissensstands interpretiert, dann könnte „nicht stinkend angezogen" bedeuten, daß es sich nicht um chemische, sondern wahrscheinlich um physikalische oder vielleicht auch um mathematische Vorgänge handelt. Aus dem Textabschnitt „Engel des heiligen Neuen" kann man entnehmen, daß es hier sozusagen um eine legale Handlung geht, die nicht gegen die Gesetze des Kosmos gerichtet ist. In diesem Zusammenhang verwendet Nostradamus normalerweise Begriffe wie „Engel" und „heilig".

„Durch den Beinamen" signalisiert, daß es sich bei dem Prozeß um den Nebeneffekt eines anderen Phänomens handelt. Vielleicht beschreibt Nostradamus hier eine zur Zeit noch unbekannte Art von Plasmaphysik. Einige Jahrhunderte später erwähnt er eine Physik hinter der Physik, die diese Vermutung wahrscheinlich erscheinen läßt. „Das Tor" ist ohne große Phantasie als ein Zugang zu erkennen, der offengehalten wird.

„Wird sein gejagt" erinnert an einen Teilchenbeschleuniger, in dem beispielsweise Neutronen auf eine hohe Geschwindigkeit gebracht werden, um damit Atome zu beschießen. Würde es sich bei dem Prozeß um eine Kernfusion handeln, dann hätte Nostradamus zu ihrer Beschreibung Worte wie Hochzeit, Vereinigung oder gegenseitige Liebe gebraucht. „Hingestellt zum Sterben" wäre dann das Objekt, also ein Atom oder der Teil eines Atoms, welches zertrümmert wird. „Nackt gejagt" könnte ein Atomkern sein, der von seinen Elektronen getrennt wurde und nun gewaltig beschleunigt wird.

Ob Nostradamus mit „Aus Rotem und Schwarzem" auf Farben und Symbole der Alchimie anspielt, ist schwer zu sagen, weil die Anlage, die er hier beschreibt, noch nicht identifiziert werden kann. Außerdem ist ja der Versteil „nicht stinkend angezogen" bereits als Hinweis darauf erkannt, daß es sich jedenfalls nicht um einen chemischen und damit auch nicht um einen alchimistischen Vorgang handelt. „Ihr Grün" ist eine Beschreibung, die ebenfalls noch nicht zugeordnet werden kann. Die erste Kernspaltung im 20. Jahrhundert bezeichnete Nostradamus als den „Bruch der weißen Steine". Später, als es mehr um Neutronen ging, sprach er von „grünen Kernen". Diese beiden Stellen lassen vielleicht entsprechende Rückschlüsse zu.

WEITERE DETAILS DER NEUEN ENERGIEQUELLE: Nostradamus muß von dem, was er in seiner Vision gesehen hat, sehr angetan gewesen sein, denn er widmet dieser bedeutendsten Erfindung des 21. Jahrhunderts besonders viel Text — ein Vorgehen, welches mit seinem System der Zeitordnung nicht leicht zu bewerkstelligen ist. Dies festigt die Vermutung, daß die neue Energiequelle den Menschen in den nächsten Jahrhunderten, womöglich Jahrtausenden von großem Nutzen sein wird. Im Jahre 2034 nimmt Nostradamus wieder Bezug auf die neue

Errungenschaft. Aus entsprechenden Bemerkungen an anderen Textstellen kann man schließen, daß sich die Anlage in Frankreich befindet.

X. CENTURIE, VERS 34, PROPHEZEIUNG FÜR DAS JAHR 2034:
Durch das derbe Pferd — Zeit der riesigen Gewölbe
Der Tatsachen wegen das Seltene lange Zeit wird eingezäunt sein

Von 2028 bis 2034 dauert es, die neue Anlage für die Energiegewinnung zu errichten. Daß dies eine relativ kurze Zeitspanne ist, könnte als Hinweis darauf verstanden werden, wie hochbewertet die Umsetzung der theoretischen Erkenntnisse in die Praxis ist. Im 20. Jahrhundert bezeichnete Nostradamus Atomkraftwerke als „trojanische Pferde". Er signalisierte mit seiner Wortwahl, daß er dieses Energieversorgungsmittel nicht für unbedenklich hält. Das Pferd ist für ihn genauso

Das „trojanische Pferd"...

wie der Begriff Wind ein Symbol der Kraft. Im Jahre 2034 bezeichnet er das Pferd als „derb". Dies bedeutet, daß es sich um eine rohe Energie handeln muß, die noch gezähmt oder verfeinert werden muß. Das Bild gewinnt an Klarheit, wenn man die anschließende Zeile mit einbezieht: „Der Tatsachen wegen, das Seltene lange Zeit wird eingezäunt sein." Für die neue Energiequelle, mußten, wie Nostradamus es beschreibt, riesige Gewölbe errichtet werden, die aus Sicherheitsgründen gut gesichert und eingezäunt sein müssen.

Nostradamus hält noch weitere Details bereit. In Vers 44 schreibt er: Die „Bergkuppe ist Herz der Röhre und der tropfsteinartigen Materie." Man wird also einen Berg aushöhlen, in dem der eigentliche Energiegewinnungsprozeß ablaufen soll. Nur wenige Jahre vergehen, und Nostradamus beschäftigt sich erneut mit der neuen Methode der Energiegewinnung. Offenbar ist sie inzwischen verbessert worden.

X. CENTURIE, VERS 49, PROPHEZEIUNG FÜR DAS JAHR 2049:
Der Garten der Welt — nahe der neuen Stadt — es brennt
Auf dem Weg der Lüge — scharf ist die Gruft
Wird sein gepfändet und abwärts gerichtet in den Keller
Stärke des Windes durch die Kraft des entzündeten Schwefels

Der Vers legt nicht nahe, daß es in der Nähe der neuen europäischen Hauptstadt brennt, sondern deutet an, daß 2049 eine neue Anlage zur Energiegewinnung, vielleicht eine Art Energiepool, in Betrieb genommen wurde. An einer anderen Stelle schildert Nostradamus die neue Metropole, sagt, daß sie in einer Ebene liegt und daß die Regierung in einem spitzen, hohen Haus residiert. Schließlich ist es naheliegend, daß die Hauptstadt als erste mit der neuesten Technik ausgestattet wird. Dann beschreibt Nostradamus das Neuartige an dieser Anlage. „Auf dem Weg der Lüge" könnte bedeuten, daß ein Konstruktionsfehler oder eine Funktionsstörung dieser Anlage zu erwarten ist. Bei einem Atomunfall, den Nostradamus für das Ende des 20. Jahrhunderts in der Nähe von Lyon vorhersagt, spricht er ebenfalls davon, daß „Steine lügen". Damit will er zum Ausdruck bringen, daß sie sich nicht nach den Gesetzmäßigkeiten, die man von ihnen erwartet, verhalten. „Scharf ist die Gruft" ist möglicherweise die Beschreibung einer besonderen unterirdischen Einrichtung. In den Versen für das 20. Jahrhundert schimpft Nostradamus nicht darüber, daß Strom mittels Kernspaltung gewonnen wird, sondern darüber, daß man die Atommeiler nicht gänzlich unterirdisch gebaut hat. Bei der Entscheidung für oberirdische Anlagen spielte vor allem der Kostenfaktor eine Rolle. Rund 100 Jahre später werden unterirdische Anlagen zur Energiegewinnung selbstverständlich sein.

„Wird sein gepfändet" dürfte heißen, daß etwas abgeschöpft oder von jemandem etwas weggenommen wird. „Abwärts gerichtet in den Keller" beschreibt, daß etwas aus der Luft, aus dem Wasser, aus der Erdatmosphäre oder aus dem Kosmos entnommen und in die Produktionsstätte geleitet wird.

„Stärke des Windes durch die Kraft des entzündeten Schwefels" ist ein Hinweis darauf, daß die Intensität der Energie wird offenbar durch einen chemischen Prozeß verstärkt. Das Wort „Schwefel" ist hier wohl kaum wörtlich zu nehmen.

Nostradamus will wahrscheinlich ausdrücken, daß die Potenzierung auf chemischem Wege erfolgt. In einigen Jahren können Wissenschaftler mit dieser Bemerkung sicherlich mehr anfangen.

DIE URFORMEL DER SCHÖPFUNG

Nach dieser ersten naturwissenschaftlichen Großtat, welche die Gesellschaft mehr verändern wird, als alle bisherigen Weltanschauungen es jemals vermocht haben, wird es im Jahr 2054, so ist es bei Nostradamus nachzulesen, die nächste absolute Sensation geben. Ziel ist diesmal die Urformel der Schöpfung.

X. CENTURIE, VERS 54, PROPHEZEIUNG FÜR DAS JAHR 2054:
Geboren von dieser Welt — durch die aneinandergefügten Körper —
göttliches Geheimnis
Bei der zwei hochgestellt — durch sie traurige Neuigkeiten

Nostradamus beschreibt, daß ein Gerät auf der Erde gebaut wird, welches ein neuer Typ Weltraumstation oder eine Weltraumsonde zu sein scheint. Mit dem offenbar erst im Weltraum zusammengesetzten Gerät, will die Menschheit dem Geheimnis der Schöpfung auf die Spur kommen, mithin also die Urformel der Schöpfung entschlüsseln.

„Geboren von dieser Welt — durch die aneinandergefügten Körper"

„Bei der zwei hochgestellt" könnte die Beschreibung dafür sein, daß dieses Anlage zwischen zwei Weltraumstationen positioniert ist. Denkbar wäre aber auch, daß die Apparatur in ein System mit einer Doppelsonne geschossen werden muß. Das erwartete Forschungsergebnis wird nicht die Bestätigung einer Theorie bringen, folglich handelt es sich um „traurige Nachrichten". Den Theoretikern steht noch viel Arbeit bevor.

In einigen anderen nun folgenden Versen beschreibt Nostradamus das Forschungsziel. Man kann nur spekulieren, welcher Sinn sich hinter seinen geheimnisvollen Worten verbirgt.

X. CENTURIE, VERS 55, PROPHEZEIUNG FÜR DAS JAHR 2055:

Die unglücklichen Knoten werden gefeiert werden
Darüber große Freude sein wird — aber das Ende ist unglücklich
Hochzeit mit dem schwarzen Meer wird ungnädig aufgenommen
Beide tot und das Schwarze ist sehr erbärmlich

Meiner Auffassung nach handelt es sich bei diesem Vers um die Beschreibung einer ersten Erforschung von sogenannten „schwarzen Löchern". Von zentralem Interesse in diesem Zusammenhang sind Zeitphänomene, denen sich Nostradamus auch bereits im nächsten Vers zuwendet. Das Jahr 2056 scheint den eigentlichen Durchbruch in der Erforschung von schwarzen Löchern und Zeitphänomenen zu bringen.

X. CENTURIE, VERS 56, PROPHEZEIUNG FÜR DAS JAHR 2056:

Der Nagel der Zeit stirbt — lebt im Getötetsein —
wie ein Baumstumpf

Das Phänomen des Lebens, welchem sich der Mensch beständig ausgesetzt fühlt, ist die Zeit. Das Phänomen Zeit stellt jedoch nicht die Regel dar, sondern eine Ausnahme, so wie ein Nagel, den man in ein Brett geschlagen hat, an dieser Stelle das Brett zu einer „Ausnahme" macht. Das Brett steht symbolisch für die Zeitlosigkeit oder besser für die Dauer, das heißt für die Zeit ohne Anfang und Ende. Da die Dauer unbegrenzt, die Zeit jedoch, wie jeder Mensch sie erlebt, begrenzt ist, kommt es zu der Erscheinung, daß die Zeit vergeht. Bei Nostradamus wird dies ausgedrückt mit den Worten: „Der Nagel stirbt." Wo aber bleibt die Zeit, wenn sie nicht mehr da ist? Sie lebt in der Vergangenheit, ist „getötet" oder, und das ist die zentrale Aussage des Verses, die Zeit lebt im Übergang zwischen zwei Dimensionen und ähnelt darin einem Baumstumpf: Die Wurzeln befinden sich im Erdboden, der verbliebene Stumpf in der Luft oder im offenen Raum. Etwa 150 Jahre vor diesen Bemerkungen zum Phänomen Zeit bemerkte Nostradamus im Zusammenhang mit Einsteins Relativitätstheorie: „Wird das Loch im Fell der Zeit entdeckt."

DIE EROBERUNG DES WELTRAUMS

Ein Thema wird im 21. Jahrhundert eine besonders wichtige Rolle spielen: die Weltraumfahrt. Was sich heute erst langsam und mühevoll zu entwickeln beginnt, wird den Alltag der Menschen in der Zukunft mehr und mehr bestimmen. Ähnlich wie Kolumbus, der ebenfalls nicht wußte, welche Folgen seine Entdeckung haben würde, ist sich auch der heutige Mensch dessen nicht bewußt, welche Abenteuer, Kämpfe und Einzelschicksale er mit seiner Neugier auf das Universum auslöst.

Radioteleskope in New Mexico, USA

Dabei wird die Eroberung des Weltalls jedoch vollkommen anders verlaufen als damals die Kolonialisierung Südamerikas, Asiens und Afrikas. Vielmehr werden die Erfahrungen mit dem Universum zu Weltanschauungskrisen führen, an deren Ende in etwa 500 Jahren ein ganz anderes Verständnis für Welt und All stehen wird. Im 21. Jahrhundert ist die Menschheit noch recht weit von dieser Entwicklung entfernt.

ERSTE EXPEDITIONEN INS ALL: Was einmal groß und bedeutend sein wird, beginnt klein und bescheiden. Eine der beiden Nationen, die heute bereits Erfahrungen mit der Raumfahrt haben, wird 2002 heimlich ein Weltraumunternehmen starten, um „vom Neuen zu kaufen", schreibt Nostradamus.

X. CENTURIE, VERS 2,
PROPHEZEIUNG FÜR DAS JAHR 2002:
Getarnte Galeeren segeln um vom Neuen zu kaufen
Die von hohem Rang werden sich von den Minderen trennen
Zehn Schiffe nähern sich dem Abstoßpunkt

Nostradamus sieht, daß Anfang des 21. Jahrhunderts die entscheidenden Weichen für hoch und weniger technisierte Nationen gestellt werden. Heimlich („getarnt") wird eine Expedition ausgerüstet, und zehn Raumtransporter schaffen das benötigte Material heran. Aus dem Inhalt des Verses für das Jahr 2004 erfährt man, wie das Unternehmen ablaufen wird.

X. CENTURIE, VERS 4,
PROPHEZEIUNG FÜR DAS JAHR 2004:
Hoch zur Mitternacht der Armeeführer
Wird sich retten — plötzlich ist er auserwählt bei 1
Sieben Jahre danach — die Seele wird nicht verflucht
Bei seiner Rückkehr man wird sagen — 1 Unze wo 10

Die erste Verszeile verwendet Nostradamus symbolisch für den Weltraum. Aus dem weiteren Text kann geschlossen werden, daß die erste Expedition mit technischen Schwierigkeiten zu ringen haben wird. Dem Leiter der Expedition gelingt es laut Nostradamus, sich irgendwie zu retten und „bei 1", also im Jahre 2011, auf die Erde zurückzukehren. Wenn er nach sieben Jahren wieder in seine Heimat gelangt, dann wird dort eine Hungersnot herrschen.

Daß die Interpretation der vorangegangenen Verse richtig sein dürfte, ist aus einer kleine Anmerkung für das Jahr 2005 zu ersehen. Dann wird es möglich sein, mit der heutigen Technologie den Mars zu erreichen. Vermutlich beschreibt also Nostradamus diese erste Expedition zum Mars.

X. CENTURIE, VERS 5,
PROPHEZEIUNG FÜR DAS JAHR 2005:
Zu Füßen von hundert Sternen wird es eine neue Vereinigung geben
Neues Dürre — nichts Gutes für ihn — Grenze der Art

Die Sterne, die ihn umgeben, erlebt der Astronaut so, als lägen sie ihm zu Füßen („zu Füßen von hundert Sternen"). Die „neue Dürre" könnte ein Bild für die Marsoberfläche sein. „Nichts Gutes für ihn" ist ein Hinweis auf technische Schwierigkeiten und „Grenze der Art" symbolisiert die Grenzen für menschliches Leben.

EIN BESUCH AUF DER VENUS: Bis etwa 2030 sieht Nostradamus keine weiteren Eroberungen im Weltraum voraus. Erst zum Ende des zweiten Jahrzehnts berichtet er von einer Expedition zur Venus.

X. Centurie, Vers 28, Prophezeiung für das Jahr 2028:
Bericht von der Venus —
Fehler bei der 10 bringt Niedergeschlagenheit zurück

Begriffe wie „Bericht" oder „Protokoll" verwendet Nostradamus schon für das 20. Jahrhundert für die Übermittlung von Daten auf dem Funkweg. „Fehler" können in diesem Zusammenhang nur Stillstand und Neuorientierung bedeuten, darum sieht Nostradamus die Wissenschaftler und Techniker, die an diesem Projekt arbeiten, in niedergeschlagener Verfassung.

Die fünfziger Jahre des 21. Jahrhunderts scheinen das „goldene Jahrzehnt der Wissenschaft" zu sein, denn Nostradamus weissagt, daß das ersehnte Vorankommen in der Weltraumfahrt ab 2057 möglich wird.

X. Centurie, Vers 57, Prophezeiung für das Jahr 2057:
Das unter dem sich Erhebenden befindliche — nicht umsetzbare —
Zepter der Töne
Wird den Wissenschaften Jahre des Spiels gebären —
davon ganz große Ehrungen
Diejenigen welche sich machen eine bessere Art des Ballastes
Für ihre 5 Stöße — zum Sterben schwarze Fahnen erscheinen

Der Vers beschreibt ein Weltraumschiff und markiert zugleich den Beginn einer neuen Epoche, in deren Mittelpunkt die Entdeckungen im Universum stehen werden. Nostradamus schildert Start und Antrieb des Fahrzeugs, welches für die Wissenschaft von großem Nutzen sein wird. Das Konstruktionsgeheimnis dieses Raumschiffs liegt in der Zuladung, welche gleichzeitig eine Art unverbrauchbarer („nicht umsetzbar") Treibstoff ist. „5 Stöße" symbolisieren wohl die Aggregate. Dieser neuartige Antrieb hinterläßt schwarze Abgase („schwarze Fahnen"), also irgendwelche chemischen Rückstände.

Das 21. Jahrhundert

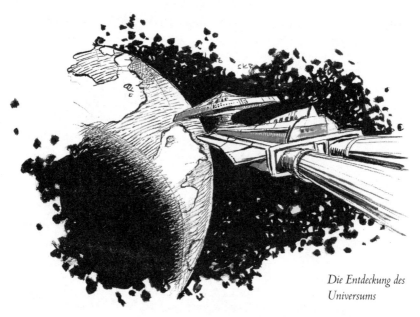

Die Entdeckung des Universums

Neue Techniken, Antriebe und Weltraumfahrzeuge werden in der Zeit zwischen 2050 und 2065 entwickelt. Der Antrieb der Raumfahrzeuge scheint etwas mit dem Prinzip der Teilchenbeschleunigung zu tun zu haben.

X. CENTURIE, VERS 58, PROPHEZEIUNG FÜR DAS JAHR 2058:
Krieg der Könige — Zeit des Spiels — nicht des Ausströmens
Gekreische gallischer Väter — 100 schichten das Schiff
Versuche in der Grube der Wissenschaft gelingen —
Einvernehmen wird erhalten

Hier sind also „Gallier", wie Nostradamus die Franzosen gerne nennt, am Werk. Sie bauen ein besonderes Schiff, dessen Antrieb nicht auf dem Prinzip des Rückstoßes basiert wie etwa bei Raketen („Ausströmens"). Wenn sich Nostradamus gleich in mehreren Versen hintereinander mit der Weltraumfahrt beschäftigt, dann bedeutet dies, daß eine wichtige Phase in deren Entwicklung begonnen hat. Das Jahr 2058 steht für den Wettkampf mehrerer Nationen um den Fortschritt in der Weltraumtechnik. „Zeit des Spiels — nicht des Ausströmens" ist ein Hinweis auf den Test neuer Triebwerke. Auch die Franzosen mischen in diesem Wettkampf mit („schichten das Schiff"). „In der Grube der Wissenschaft" deutet auf Teilchenbeschleunigung hin.

Weltbewegende Erfindungen

LEBEN AVF FERNEN PLANETEN ENTDE(KT! Im nächsten Vers befaßt sich Nostradamus wiederum mit dem Antrieb. Offenbar ist es gelungen, Energie für die Dauer von vier Jahren zu binden.

X. Centurie, Vers 59, Prophezeiung für das Jahr 2059:
Für vier Jahren entsteht gefesselter Wind —
der Kopf tötet die nicht atmen
Fünf Staatsbürger der Luft — Hände drücken — dort Einweihung
Abreise unter edler Führung steht bevor — lange Schleppe
Und man entdeckt Grünes — Parabolisches der Masse — Zeit der Einweihung

Meiner Auffassung nach läßt sich der Inhalt des Verses folgendermaßen erklären. Die „fünf Staatsbürger der Luft" sind fünf Nationen, die sich in der Raumfahrt engagieren und eine Vereinbarung treffen („Hände drücken"). Die „Einweihung" ist in beiden Fällen mit wissenschaftlicher Forschung identisch. „Abreise unter edler Führung steht bevor" weist auf den Abflug der Wissenschaftler mit einem sehr langgestreckten Raumschiff („lange Schleppe") hin. „Man entdeckt Grünes" heißt natürlich, daß in einem fernen Planeten- oder Sonnensystem Leben beziehungsweise Vegetation aufgespürt wird. Das „Parabolische der Masse" ist mit dem physikalischen Verhalten der Masse gleichzusetzen.
Die nächste Expedition, die Nostradamus erwähnenswert erscheint, wird zehn Jahre später gestartet.

X. Centurie, Vers 68, Prophezeiung für das Jahr 2068:
Dann Abfahrt ohne Luft — langes Gehen
Die Einwohner großen Raub begehen in dem sie die Erde nehmen werden
Zurückgekehrt — 100 werden zurückgelassen — Großes auf Anhieb

Nostradamus beschreibt eine Reise ohne Luft, also eine Weltraumexpedition, die schon etwa zehn Jahre vorher begonnen hat. „Langes Gehen" heißt, daß die Astronauten lange unterwegs sind. Die Expedition ist ein großer Erfolg, denn es gelingt die Besetzung eines Planeten, welcher der Erde ähnelt. 100 Teilnehmer der Mission verbleiben am Zielort. „Großes auf Anhieb" ist bei Nostradamus oft als Hinweis darauf zu verstehen, daß man unbekannte Dinge entdecken wird.
Und tatsächlich schreibt Nostradamus in Vers 69 von einem neuen Mond.

X. Centurie, Vers 69, Prophezeiung für das Jahr 2069:
Beginn der Tatsache des neuen Mondes — Altes erwacht

Das 21. Jahrhundert

*Die „Reise ohne Luft":
eine Weltraumexpedition*

Für das Jahr 2074 weissagt Nostradamus, daß zahlreiche Teilnehmer einer neuerlichen Weltraumexpedition an einer Infektion sterben werden. Doch kaum 20 Jahre später wird ein neuerlicher Versuch gestartet.

> X. CENTURIE, VERS 93, PROPHEZEIUNG FÜR DAS JAHR 2093:
> *Das neue Schiff wird brennend seine Reise aufnehmen*
> *Dort und in der Nähe wird das Reich umgestaltet werden*
> *In das Fell 100 haben gebohrt — Rückgewinnung der Beherbergung*
> *Nahe zweier Kolonien wird gefunden werden Zerriebenes*

Diesmal macht man sich unter Verwendung eines neuen Treibstoffs offenbar auf den Weg, um die neuen Besitzungen zu sichern. Die alte Weltraumkolonie auf dem Planeten ist, so läßt die Formulierung des Nostradamus vermuten, durch den Einschlag von Meteoriten oder anderer Fremdkörper unbewohnbar geworden, und die Schäden müssen repariert werden.

RAUMFAHRT GEGEN ENDE DES 21. JAHRHUNDERTS: Auch gegen Ende des 21. Jahrhunderts wird die Weltraumfahrt noch immer nach dem Prin-

Die Länder

zip von Versuch und Irrtum betrieben. Man lernt aus technischen Fehlern und menschlichem Versagen. Erst rund 40 Jahre später, im Jahre 2201, geht Nostradamus im Zusammenhang mit der Konstruktion und Stationierung einer künstlichen Sonne auf einer Erdumlaufbahn indirekt wieder auf die Weltraumforschung ein. Diesmal beschreibt er in der für ihn typischen Weise, daß eine neue Mathematik entdeckt und gefeiert wird.

I. CENTURIE, VERS I, PROPHEZEIUNG FÜR DAS JAHR 2101:
Die Lampe erlischt weil sie das Bett der Sonne des Deutschen verläßt
Die Tatsache entwickelt sich die nicht 100 ergibt –
der König ist wieder nutzlos

Wer der „Deutschen" ist, darüber kann man heute nur spekulieren. Damit könnte eine neue Größe in den Naturwissenschaften gemeint sein, genausogut aber wäre das Wort auch als Anspielung auf Einstein denkbar. In einigen Jahren, wenn die technische und wissenschaftliche Entwicklung weiter vorangekommen ist, wird man mehr wissen und die Voraussagen des Nostradamus vielleicht schon besser verstehen.

Somit ist das Ende des Streifzugs durch das 21. Jahrhundert im Hinblick auf die großen Entwicklungen erreicht. Erfindungen oder sonstigen technischen Fortschritt erwähnt Nostradamus nur dann, wenn sie die Geschichte der Menschheit verändern oder andere Entwicklungen fördern. Man darf nicht vergessen, was bereits mehrfach im Zusammenhang mit der zeitlichen Zuordnung der Verse erwähnt wurde: Nostradamus mag vieles in der Zukunft gesehen haben, aber er mußte sich für wenige Ereignisse entscheiden, die er lediglich schlaglichtartig beleuchten konnte, denn ihm stand nur der Raum für 140 bis 150 Anschläge pro Vers und Jahr zur Verfügung.

DIE LÄNDER IM 21. JAHRHUNDERT

DIE LÄNDER EUROPAS

DEUTSCHLAND: Es liegt auf der Hand, daß man sich als Deutscher wünscht, Nostradamus möge besonders viel über Deutschland im 21. Jahrhundert niedergeschrieben haben. Doch Nostradamus war kein Prophet der Deutschen, sondern

Das 21. Jahrhundert

Südfranzose oder Gallier, wie er gelegentlich seine Landsleute in seinen Prophezeiungen nennt. Paris und Nordfrankreich empfand Michel de Notredame im Grunde genommen noch als Ausland, denn lang lag die Zeit noch nicht zurück, als der Status des Languedoc und der Provence noch mehr dem von selbständigen Staaten glich.

X. Centurie, Vers 17,
Prophezeiung für das Jahr 2017:
Die Königin wird erwählt — die Sterne sehen ihre Insel verletzt
Durch ein Bedauern im Osten — Schaden eingezäunt
Wehklagende Schreie werden infolgedessen die Engel erzürnt haben
Und in Deutschland — Hochzeit ist ausgesetzt

Als ich die letzte Zeile dieses Verses für das Jahr 2017 in den achtziger Jahren zum ersten Mal las, mußte ich sofort an die Wiedervereinigung Deutschlands denken. Mein zweiter Gedanke war, daß es nach 1990 vielleicht noch einmal zu einer politischen Spaltung zum Beispiel innerhalb der Europäischen Union und später zu einer erneuten Vereinigung kommen könnte.

Heute weiß ich, daß man die Botschaft dieses Verses tatsächlich wörtlich nehmen muß: Deutschland wird als erstes Land der westlichen Hemisphäre die Ehe abschaffen. Diese staatlich sanktionierte Institution ist im Grunde genommen eine reine Glaubens- oder Weltanschauungssache, auch wenn sie im Grundgesetz der Bundesrepublik festgeschrieben ist. Aber Weltanschauungen und auf ihnen aufbauende Gesetze können sich ändern.

Bewußt wurde diese, für viele Menschen bedenkliche Entwicklung erst an dieser Stelle erwähnt, nachdem das Thema Gesundheit und Medizin im 21. Jahrhundert bereits abgehandelt wurde. Ich halte es für durchaus denkbar, daß Deutschland bereits in 30 Jahren eine erste Weichenstellung in Richtung erhöhte Lebenserwartung erleben wird.

Wenn die Versorgung mit allem Lebensnotwendigen vom Staat gewährleistet ist, dann denkt man ganz anders über Renten und Altersversorgung. Mütter sind dann nicht mehr auf den Vater der Kinder als Versorger der Familie angewiesen. Zum Ende des 21. Jahrhunderts spricht Nostradamus von der Vereinigung der „siegreichen Mütter" (X. Centurie, Vers 96). Wer im Geiste durch das nächste Jahrhundert streift, sollte darauf gefaßt sein, daß es zu vielen heute noch undenkbaren Veränderungen kommen wird.

Wenn ich nicht absolut sicher wäre, daß die von mir entdeckte Zeitzuordnung der Verse des Nostradamus richtig ist, müßte ich bei dem folgenden Text für das Jahr 2051 auf die neuen Bundesländer in ihrer heutigen Situation schließen. Doch wer

Die Länder

den Vers näher analysiert und ihn mit anderen aus der gleichen Epoche vergleicht, der merkt, daß er nicht für Deutschland am Ende dieses Jahrtausends geschrieben worden sein kann.

X. Centurie, Vers 51, Prophezeiung für das Jahr 2051:

Von den Orten die viel weniger vom Reichtum besitzen
Geht die Grundlage für die Vereinigung der Deutschen aus
Durch diejenigen vom Sitz an der Spitze — die schwarze Kunst wird
für 1 000 Jahre ausgemerzt — 1 000 haben sich eingeweiht
Und für 10 mal 100 Jahre alles wird sich wieder vereinigt haben

Dem Staat Deutschland, wie auch immer er dann geographisch beschaffen sein wird und welche Völker in ihm wohnen, wird laut Nostradamus eine neue Rolle in der Weltgeschichte zufallen.

Nach einem großen Schicksalsschlag, der Europa bevorsteht, werden sich auf dem Territorium Deutschlands Menschen sammeln („von den Orten die viel weniger vom Reichtum besitzen") und einen neuen Staat gründen („Vereinigung"). Gesteuert wird diese Entwicklung von der bereits mehrfach erwähnten neuen Hauptstadt Europas aus, die in einer Ebene liegt und ein spitzes Regierungsgebäude aufweist. Was mit der „schwarzen Kunst" gemeint sein könnte, läßt sich zur Zeit nicht sagen. Sicher dürfte jedoch sein, daß sie nichts mit der Schwarzen Magie zu tun hat, sondern vielmehr auf eine Politik hinweist, die aus egoistischen Motiven betrieben wird, nun jedoch ausgemerzt ist.

Scheinbar steht der Vers für den Versuch in jener Zeit, einen Idealstaat zu schaffen, der auf der Basis von klösterlichen Gemeinschaften funktionieren wird. Überschaut man die Entwicklung der nächsten 300 Jahre, dann ist zu erkennen, daß eine Art europäischer Staatenverbund einzelnen Regionen klar umrissene Aufgaben zuweist. In diesem Zusammenhang wird dem Territorium des heutigen Deutschlands die Aufgabe der Pflege von Geisteswissenschaften und Weltanschauungsfragen zufallen. Frankreich soll zum Zentrum für Naturwissenschaft und Forschung werden, und die Menschen werden hier vorwiegend ihren mittleren Lebensabschnitt verbringen. Dort, wo sich heute die skandinavischen Länder befinden, wird wegen des besonders angenehmen Klimas — Nordafrika und der Mittelmeerraum ist für Europäer aufgrund der großen Hitze inzwischen unbewohnbar geworden — der erste Lebensabschnitt verbracht. Es würde gut ins Bild passen, wenn Deutschland als Region für Alter und Lebensabend ausersehen wäre.

FRANKREICH: Ob es die Abneigung gegen seine Landsleute im Norden war oder ob es einen anderen, bisher nicht bekannten Grund dafür gibt, jedenfalls verwendet Nostradamus das Wort „France" weder in dieser noch in einer anderen Schreibweise in seinen Prophezeiungen für das Frankreich des 21. Jahrhunderts. Dabei läßt das Wort „France" ein so hübsches Wortspiel zu, welches vermutlich auf den Freund des Nostradamus, auf François Rabelais, zurückgeht. Vordergründig konnte es natürlich das Reich Franz I. bezeichnen, aber spöttisch gemeint bedeutete es, daß F (Frankreich) rance (ranzig) war. Rabelais fiel am französischen Hof in Ungnade, weil er das dritte Buch seines Romans, dessen erster Teil 1533 unter dem Titel „Les horribles et espoventables faictz et prouesses du très renommé Pantagruel" und dessen zweiter Teil ein Jahr später als „Vie inestimable du grand Gargantua, père de Pantagruel" erschienen war, nicht wie bisher unter dem Pseudonym Alcofrybas Nasier, sondern 1546 unter seinem eigenen Namen veröffentlichte. Enthalten waren zahllose bissige und kritische Bemerkungen über die 32 Jahre (1515 bis 1547) während Regierungszeit Franz I., in deren Verlauf so manches im Königreich „ranzig" geworden war.

Nostradamus greift, wenn er Frankreich meint, häufiger auf den Begriff Gallier zurück, die er aber in den Süden seines Heimatlands verlagert. Seine nordfranzösischen Landsleute bezeichnete er als Normannen oder auch als Kelten.

X. Centurie, Vers 34, Prophezeiung für das Jahr 2034:

Gallier welche herrschen durch den Krieg der Besetzung
Durch den schönen Ton — arme Brüder werden verraten
Durch das derbe Pferd — Zeit der riesigen Gewölbe
Der Tatsachen wegen das Seltene lange Zeit wird eingezäunt sein

Für das Jahr 2034 teilt Nostradamus mit, daß die „Gallier" noch immer unter der Last leiden, den Islam abwehren zu müssen, der im 20. Jahrhundert durch die französischen Kolonien ins Mutterland Frankreich importiert worden war.

Außerdem sah Nostradamus das Frankreich des 21. Jahrhunderts als Zentrum der Energiegewinnung („Zeit der riesigen Gewölbe"), welches vor Terrorakten („das Seltene lange Zeit wird eingezäunt sein") geschützt werden muß. Erinnert sei daran, daß etwa zu dieser Zeit eine neue Energiequelle entdeckt wird, die Strom unbegrenzt und zum Nulltarif erzeugt und durch die sich das Leben auf der Erde grundsätzlich ändern wird.

ENGLAND: Auch für die Briten hat Nostradamus einen Vers für das 21. Jahrhundert hinterlassen. Hierzu muß man jedoch wissen, daß Nostradamus England und Amerika stets wie ein Land sah, welches jedoch zweigeteilt ist. Aus dem folgenden Vers geht hervor, daß England nach der großen Katastrophe von 2011 von den USA bevormundet wird.

Das Kapitol, das amerikanische Parlamentsgebäude in Washington

X. Centurie, Vers 66,
Prophezeiung für das Jahr 2066:
*Der Herr von London —
eingesetzt durch die Regierung der reichen Seelen Amerikas
Über die Insel die sich mit den Hörnern stößt herrscht —
das Zeitalter ist durch Gefrieren geprägt
Der König der Wiedertäufer einen großen Fehler gegenüber dem Antichrist macht
Dadurch daß sie alles in die aussätzigen Seelen investieren werden*

Die „Insel, die sich mit den Hörnern stößt" könnte Grönland oder Island sein. Ich halte Grönland für wahrscheinlicher, da die Ergänzung „ist durch Gefrieren geprägt", auf eine Landschaft hinweist, die immer oder lange Zeit im Jahr unter Eis verborgen ist. Denkbar wäre jedoch auch, daß auf eine Klimaerscheinung im Jahr 2066 hingewiesen wird.
Beim „König der Wiedertäufer" muß es sich um den amerikanische Präsident handeln. Ein großer Prozentsatz der amerikanischen Bevölkerung zählt sich selbst zu den Wiedertäufern oder, wie sie auch genannt werden, zu den Baptisten.
Und wie steht es mit dem englischen Königshaus?

X. Centurie, Vers 17, Prophezeiung für das Jahr 2017:
Die Königin wird erwählt — die Sterne sehen ihre Insel verletzt

Die Tower-Bridge in London, England

Sieht man sich heutzutage die Thronfolge in Großbritannien an, dann ist weit und breit keine weibliche Thronanwärterin mit realistischen Ansprüchen auszumachen. Dennoch sagt Nostradamus den Briten nach dem nächsten großen Krieg die Wahl einer Königin voraus. Doch für diese Königin sieht es nicht sehr gut aus. In England entwickelt sich eine politische Situation, die entweder zur Abwahl der 2017 gewählten Königin oder aber zur Abschaffung der Monarchie führen wird.

Nostradamus sah und schrieb:

X. Centurie, Vers 36, Prophezeiung für das Jahr 2036:
Durch Tyrannei auf der Insel wird der Wechsel herbeigeführt

Den Worten des 90. Verses zufolge, scheint Großbritannien zum Ende des 21. Jahrhunderts ein Tyrann oder Diktator bevorzustehen, der sich lange Zeit halten wird.

X. Centurie, Vers 90, Prophezeiung für das Jahr 2090:
Hundertmal sterben wird der unmenschliche Tyrann
An seinen Platz gestellt — versiegelt und gutmütig geworden
Der ganze Senat wird sein unter seiner Hand
Gekennzeichnet wird er sein durch Schlauheit und Waghalsigkeit

Auf den ersten Blick hat es den Anschein, als ob dieser Tyrann eine grausames Ende zu erwarten hat: „Hundertmal sterben wird der unmenschliche Tyrann." Doch hat

Die Länder

sich die Medizin ja inzwischen so weit entwickelt, daß eine Lebensdauer von mehreren 100 Jahren möglich geworden ist. Der Diktator vermag also lange Zeit mit seinen Ersatzorganen sein Unwesen weiter zu treiben. Nostradamus verfolgte diesen Mann offensichtlich bis zu seinem endgültigen Ende. Zunächst sieht er ihn als Tyrann in voller Körperkraft. Dann, mit Ersatzorganen „versiegelt", wird er gutmütig werden, aber weiter regieren wollen und können, denn er beherrscht das Parlament („Der ganze Senat wird sein unter seiner Hand"). Erst 350 Jahre später wird man das schlaue und wagemutige Gehirn des Tyrannen außer Funktion setzen können. Trotz vieler vorheriger Versuche, die alle mißlingen, glückt es dann endlich, den „Nagel des Sterbens" wieder einzuschlagen.

ITALIEN: Für Italien bedeutet laut Nostradamus das kommende Jahrhundert Tragödie und das Ende einer fast 3000jährigen kulturellen Entwicklung.

X. CENTURIE, VERS 60,
PROPHEZEIUNG FÜR DAS JAHR 2060:
Ich weine Nizza — 1000 Jahre byzantinischer Handel entwickelt sich
Sein nein — keine Wissenschaft —
dies ist der Gestank der Art und Weise des Bösen
Das was unter den Engeln ist und das Schwert der Faulheit das entstanden ist
Hat die Erde erschüttert — unglückliches Wasser des Extrems

Was Nostradamus hier beschreibt, ist entsetzlich. Italien wird zu einem mohammedanischen Land. Zum einen werden die Italiener ihre Heimat freiwillig verlassen, weil es allmählich verdorrt und zur Wüste wird. Zum anderen drängen die Menschen aus Nordafrika in den Norden hinein, weil für sie das Klima in ihren Ländern ebenfalls unerträglich wird. Die Neuankömmlinge bringen ihren Lebensstil und ihre Kultur mit.
Die beiden folgenden Verse beschreiben, ohne etwas zu beschönigen, wie man sich den Umbruch vorzustellen hat, und bedürfen keines Kommentars.

X. CENTURIE, VERS 64,
PROPHEZEIUNG FÜR DAS JAHR 2064:
Weine 1 000 Jahre — weine Mailand —
Licht über die Verdienste deiner Vorfahren
Wenn dein großer Herzog auf den Wagen steigen wird
Wechselt der Sitz nahe Venedigs — von außen kommt etwas dazu
Dann wenn die Kolonne sich Rom zuwendet

Italien wird zu einem mohammedanischen Land ...

X. CENTURIE, VERS 65,
PROPHEZEIUNG FÜR DAS JAHR 2065:
*O mächtiges Rom — dein Untergang nähert sich dir
Nichts von deinen Mauern — von deinem Blut — von deiner Substanz bleibt
Überdrüssig der Vorbereitung — Verträge —
Zeit in der Schreckliches geschehen wird
Scharfe spitze Eisen der Luft werden gegen alles gerichtet
bis nichts mehr da ist*

In den darauffolgenden 500 Jahren werden Rom und Italien mohammedanisch bleiben. Erst um 2550 wird der „Antichrist", wie ihn Nostradamus nennt, seine Wirkung verlieren.

SPANIEN: Spanien hingegen wird im 21. Jahrhundert aufsteigen. Die Erklärung, die Nostradamus hierfür gibt, ist einfach. Viele Menschen, wie er sagt, mit klarem Verstand werden sich rechtzeitig vor der Katastrophe des Jahres 2011 in den Süden Europas retten und vor allem nach Spanien ziehen. Diese Wanderbewegung zieht eine schlagartige Verbesserung der Infrastruktur nach sich, die für Spitzentechnologie, Entwicklung und Forschung eine unverzichtbare Voraussetzung ist. Trotzdem vergehen fast 50 Jahre, bis sich Spanien zur neuen europäischen Großmacht entwickelt.

X. Centurie, Vers 81, Prophezeiung für das Jahr 2081:
Der Schatz wird in den Tempel der Bewohner Spaniens gelegt
Vier Jahre dasjenige zurückgezogen am geheimen Ort ist
Der Tempel öffnet sich den Orten der Seelenvereinigung
Wiedererlangt erfreuen sich zwei Könige des Wassers an 1 000 Orten

Was Nostradamus hier mit dunklen Worten beschreibt, ist die heimliche Arbeit an den Grundlagen und an der Umsetzung einer Erfindung in wirtschaftliche Vorteile („erfreuen sich zwei Könige"). Da er die Zukunft Spaniens relativ ausführlich protokolliert, kann man davon ausgehen, daß es sich nicht nur um eine kurzzeitige Blüte handelt.
Es gibt keinen Spielraum für Interpretationen. Die Spanier werden im 21. Jahrhundert allen anderen Europäern von Portugal bis zum Ural überlegen sein. Dieses „spanische Zeitalter" wird bis in das 22. Jahrhundert andauern.

„Wie ein Geier wird kommen der König Europas ..."

X. Centurie, Vers 86,
Prophezeiung für das Jahr 2086:
Wie ein Geier wird kommen der König Europas
Begleitet von demjenigen von Aquilon — den ersten den man schon hat

X. Centurie, Vers 95, Prophezeiung für das Jahr 2095:
In vier Jahren wird in Spanien ein sehr mächtiger König kommen
Plötzlich über dem Meer und der Erde Großes aus dem Süden

Diese beiden Verssegmente zeigen, daß Spanien seine Vorrangstellung weniger militärischer Präsenz verdankt, sondern vielmehr seinen neuen Wegen, Methoden und Arbeitstechniken in Forschung und Entwicklung. Zogen einst Spanier aus, um

Kolonien zu erobern, so kehren nun Menschen auf dem See- und Landweg nach Spanien zurück, um dort an dem „Großen" teilzuhaben.

DIE LÄNDER ASIENS

Nostradamus hat Länder wie China, Japan, Indien und so fort nie namentlich erwähnt. Ich habe jedoch den Eindruck gewonnen, daß er die Farbe „golden" zumindest für China und Japan und darüber hinaus für alle Menschen mit „gelber Hautfarbe" benutzt. Erstmals taucht der Begriff in einem Vers Anfang des 21. Jahrhunderts auf.

> X. Centurie, Vers 3, Prophezeiung für das Jahr 2003:
> *Bei Zehn Murren — Hilfe kommt von den Goldenen*
> *Speichelleckerei vor dem Stuhl — die Goldenen werden verlassen sein*

„Golden" also könnte auf die Hautfarbe zurückzuführen sein. Vielleicht aber auch auf die gelben Kutten der Mönche oder auf vergoldete Tempel und Pagodendächer.

Nach 2010 beobachtet Nostradamus eine ausgesprochen unzufriedene Stimmung in der europäischen Bevölkerung. Doch er geht nicht näher darauf ein. Um eine Unzufriedenheit über die wirtschaftlichen Zustände kann es sich nicht handeln, weil die erste Dekade im 21. Jahrhundert von allgemeinem Wohlstand geprägt ist. Meiner Ansicht nach beschreibt Nostradamus die hochgradige Erregung über Entscheidungen oder Zustände im Vatikan („vor dem Stuhl"). In dieser Situation wird man versuchen, die Gläubigen aus dem Fernen Osten heraus zu beruhigen. Doch eine tatsächliche Lösung ist nicht zu erwarten, und es bleibt alles beim alten. Der Anfang der weltlichen Katastrophe zwischen 2011 und 2014 wird möglicherweise durch geistliche Auseinandersetzungen eingeleitet. Nach dem großen Konflikt kommt es laut Nostradamus ab 2018 zu einer Neuverteilung des eurasischen Kontinents.

> X. Centurie, Vers 18, Prophezeiung für das Jahr 2018:
> *Die Luft die goldenen Engel — Zeit des Verkaufs der Plätze*
> *Das Hohe wird tief stürzen und das Niedere wird erhöht*

Nostradamus sagt nach der Katastrophe die Lufthoheit Chinas vielleicht auch Japans voraus. „Zeit des Verkaufs der Plätze" ist die einzige Bemerkung, die sich entweder auf die Landaufteilung zwischen dem Fernen Osten und Europa oder den Verkauf an Privatleute bezieht. Es sei daran erinnert, daß ein ungeheures Vermögen in private Hände gelangen wird. Ab 2018 beginnt der Landverkauf.

Die Länder

Der Anfang der weltlichen Katastrophe?

Erst 80 Jahre später prophezeit Nostradamus dem „Osten" – ich glaube, er meint den Fernen Osten –, der eine gemeinsame Grenze zu Europa, und somit zu Spanien irgendwo hinter dem Ural hat, daß er Fehler machen wird.

X. CENTURIE, VERS 94,
PROPHEZEIUNG FÜR DAS JAHR 2094:
Versagen im Osten durch Unterlassung – nicht Lebensgefahr
Nicht gehorcht alles dem Diktat Spaniens
Bei der 10 Vollgestopftes – um die große Bedingung zu erfüllen
Sechs entkommen – in engelhafter Kleidung

Spanien wird seine Vormachtstellung keineswegs unumschränkt ausüben, dies ist aus dem Vers für 2094 klar ersichtlich. Das Wort „Vollgestopftes" scheint mir mehr auf ein bevölkerungspolitisches Problem hinzuweisen. Durch hohe Lebenserwartung wird der Platz in der Nähe der größten Wohltatenspender knapp.
Zum Abschluß noch ein kurzer Blick auf Amerika, dem Nostradamus bis 2250 praktisch die Weltherrschaft vorhersagt. Im 21. Jahrhundert ist diese Tendenz noch nicht eindeutig zu erkennen.

MÄCHTE UND MASSEN IM 21. JAHRHUNDERT

WER BESTIMMT DIE GESCHICKE DER MENSCHHEIT?

Eine gute Methode, um einen Einblick ins 21. Jahrhundert zu gewinnen, besteht darin, die Gestalten zu betrachten, die Nostradamus nicht durch ihre Namen, sondern durch ihre hervorstechendsten Eigenschaften charakterisiert. Die wenigsten dieser Gestalten, die nun hervorgehoben werden sollen, sind heute bereits geboren. Und doch konnte der Prophet aus Salon-de-Provence sie bereits vor bald 450 Jahren „sehen". Wie wird dieses Phänomen jemals zu erklären sein?

In den ersten 40 Jahren des kommenden Jahrhunderts begegnen dem Leser der „großen Prophezeiungen" des Nostradamus:

X. CENTURIE, VERS   9:   Die „durchtriebene Frau"

X. CENTURIE, VERS   11: Der „Bärtige"

X. CENTURIE, VERS   15: Der „alte Führer"

X. CENTURIE, VERS   17: Die „erwählte Königin der Insel"

X. CENTURIE, VERS   27: Der „große Gewaltige"

X. CENTURIE, VERS   27: Der „Lügenkerl",

X. CENTURIE, VERS   36: Der „besorgte König"

X. CENTURIE, VERS   38: Die „fröhliche Liebe"

X. CENTURIE, VERS   40: Der „Einfältige"

Im zweiten Drittel des nächsten Jahrhunderts beschreibt Nostradamus die Mächtigen, die den Lauf der Geschichte der Welt verändern werden, wie folgt:

X. CENTURIE, VERS 41: Die „Runde der Drei, die den Kopf gebrauchen"

X. CENTURIE, VERS 42: Der „menschliche Herrscher der Engel – Liga"

X. CENTURIE, VERS 45: Die „Witwe", die bereit ist, „den Krummbeinigen zu lieben"

X. CENTURIE, VERS 45: Der „goldene König"

X. CENTURIE, VERS 46: Der „Braune"

X. CENTURIE, VERS 47: Der „große Prälat des Löwen"

X. CENTURIE, VERS 53: Die „drei Glatzköpfigen"

X. CENTURIE, VERS 62: Der „Herold der Zimperlichen"

X. CENTURIE, VERS 66: Der „Herr von London"

X. Centurie, Vers 66: Der „König der Wiedertäufer"
X. Centurie, Vers 75: Der „Engel des großen Hermes"

Die Geschichte des letzten Abschnitts des nächsten Jahrhunderts wird durch Persönlichkeiten bestimmt werden, die Nostradamus benennt als:

X. Centurie, Vers 80: Der „Schwarze"
X. Centurie, Vers 85: Der „alte Tribun"
X. Centurie, Vers 86: Der „Geier, König von Europa"
X. Centurie, Vers 90: Der „unmenschliche Tyrann"
X. Centurie, Vers 91: Der „Chef der Esel"

Manche dieser von Nostradamus so phantasievoll charakterisierten Persönlichkeiten werden die Leser dieses Buches noch miterleben. Dann werden sie selbst beurteilen können, ob der französische Seher recht hatte. Vielleicht denken sie, wenn sie dem „Bärtigen" oder dem „Lügenkerl" auf der Weltbühne begegnen, an dieses Buch zurück. Alt zu werden ist, wie bereits mehrfach anhand von Nostradamus-Versen gezeigt wurde, ab der zweiten Hälfte des nächsten Jahrhunderts kein Problem mehr, vorausgesetzt, man überlebt bis zum Jahr 2035. Hingegen ist es das Problem des 22., 23. und 24. Jahrhunderts, alt zu sein.

WELCHE NATIONEN WERDEN TONANGEBEND SEIN?

Abgesehen von den erwähnten Persönlichkeiten, sind es vor allem die gesellschaftlichen Veränderungen, die das 21. Jahrhundert entscheidend prägen. Sie erst ermöglichen es Gestalten wie dem „besorgten König", dem „Herold der Zimperlichen" oder dem „Chef der Esel", eine Rolle in der Geschichte zu spielen. Doch spielen sie keineswegs immer die Rolle des „Weltführers".

Die Weltherrschaft, daran läßt Nostradamus keinen Zweifel, wird für 300 Jahre Amerika zufallen. Folglich werden von dort aus einige Persönlichkeiten auf die Bühne der Weltpolitik drängen. Auch die Europäer, vor allem die „Leute von Genf" und später die Spanier, die dann Europa vom Nordkap bis nach Gibraltar und vom Atlantik bis hinter den Ural beherrschen, werden für das Weltgeschehen von großer Bedeutung sein. Wie kommt es, wird man sich fragen, daß gerade Spanien in der Zukunft bestimmend sein wird, da doch dieses Land heute in der Europäischen Gemeinschaft eine eher untergeordnete Rolle spielt?

Mehrfach wurde bereits darauf hingewiesen, daß den europäischen Ländern nördlich der Alpen, ausgelöst durch eine Katastrophe, die Nostradamus nicht näher er-

Das 21. Jahrhundert

klärt, die jedoch ab 2011 ihren Lauf nehmen wird, der wirtschaftliche, industrielle und politische Zusammenbruch bevorsteht. Gestützt auf die elf katholischen Staaten Südamerikas, schafft es Spanien als erstes europäisches Land, wieder zu einem hochtechnisierten Standard zurückzufinden.

Wie gesagt wird Amerika, dann werden es die Vereinigten Staaten von Nord- und Mittelamerika sein, auch noch die nächsten 300 Jahre eine bestimmende Funktion übernehmen. Um den nachfolgenden Text zu verstehen, muß man wissen, daß der Begriff „Engel" von Nostradamus für „fliegende Menschen" verwendet wird. Wenn er demnach von einem „Engelland" spricht, dann meint er ein Land, welches die „Lufthoheit" besitzt. Der Begriff „Engelland" läßt einen zunächst an Großbritannien denken. Doch Nostradamus meint die USA, denn dies ist der Staat, der in Zukunft die Lufthoheit innehaben wird.

IX. Centurie, Vers 100,
Prophezeiung für das Jahr 2000:
Die große Herrschaft wird durch das Engelland errichtet
Dem zweifach ungeschickten Geist für mehr als 300 Jahre

Nostradamus „sieht" dieses „Engelland" zweigeteilt. Es setzt sich aus den heutigen USA und aus Großbritannien zusammen. Der Vers erwähnt jedoch nicht, daß Großbritannien im Verlauf des nächsten Jahrhunderts mehr und mehr von den Vereinigten Staaten von Amerika abhängig wird. Kanada und die mittelamerikanischen Staaten werden schließlich ebenfalls diesem Staatenbund angehören.

Als Leser der „großen Prophezeiungen" muß man sich dessen bewußt sein, daß Nostradamus England nicht mochte. Unter dem König Heinrich VIII. war das Land zu den Lebzeiten des Sehers von der römischen Kirche abgefallen. Zahlreiche geheime Operationen, an denen zum Teil auch Michel de Notredame beteiligt war, hatten das Ziel, England wieder in den Schoß der Mutterkirche zurückzuführen. Doch alle Versuche, dieses Ziel zu erreichen, waren zum Scheitern verurteilt.

Es war jedoch nicht nur die in seinen Tagen aktuelle negative Meinung von England, die ihn über das Land schlecht denken ließ. Mit Sicherheit war er beeinflußt durch die Dinge, die er in Englands Zukunft „sah". Welche folgenschweren Ereignisse es sein mögen, die den Seher zu seiner Haltung veranlassen, ist noch nicht recht klar. Jedenfalls wird es England im Gespann mit den künftigen USA durch den gemeinsamen Vorsprung in der Weltraumtechnik schaffen, sich die Weltherrschaft zu sichern.

Mächte und Massen

DIE WELTMÄCHTE DER ZUKUNFT

In dem Vers für 1945 nennt Nostradamus die USA noch „den Senat der höllischen Brandopfer" und bezieht sich damit auf die Tatsache, daß die USA als erste Nation Atomwaffen gegen Menschen eingesetzt haben. Doch wie sah er diesen Staatenbund in der vor uns liegenden Zeit?

Um das Jahr 2300 bringt Nostradamus die USA mit einem weiteren „schwarzen" Ereignis in Zusammenhang. Er verflucht das Land, weil es um „der Bequemlichkeit willen" auf frevelhafte Weise in die Schöpfung eingreift. „Die indischen Freunde, welche die Bequemlichkeit lieben", haben sich „ein schwarzes, kraushaariges Tier" durch Training und, ich würde sagen, durch Genmanipulation als Dienstboten gezüchtet, um es für sich als Arbeitskraft einzusetzen. Weil der Mensch die Kontrolle über seine Schöpfung verliert, kommt es in der Folge zu unübersehbaren Problemen, die schließlich dazu führen, daß die Menschen den Planeten verlassen müssen.

ALLE MENSCHEN SIND GLEICH!

Welches werden wohl die größten gesellschaftlichen Veränderung in der Denke im 21. Jahrhundert sein? Nostradamus sieht das Ideal der Französischen Revolution, die Gleichheit aller Menschen, erstmals im Hinblick auf Hautfarbe, Herkunft, Abstammung und Lebensstandard verwirklicht.

Die Epoche der Gleichheit aller Menschen beginnt ganz unmerklich in heutiger Zeit und wird um das Jahr 2060 zu heftigen Auseinandersetzungen um die Bedeutung unterschiedlicher Hautfarben führen. Erste Ansätze für diese Tendenz werden bereits heute in den Argumenten der Genforschung sichtbar. Nostradamus thematisiert in seinem Vers für das Jahr 2076 einen allgemeingültigen Lebensstandard.

X. Centurie, Vers 76, Prophezeiung für das Jahr 2076:
Der große Senat der Unterschiedslosigkeit aller
wird großen Pomp entwickeln

Neben der beginnenden Rassenvermischung im nächsten Jahrhundert, die offenbar nicht nur aufgrund der totalen Mobilität des einzelnen möglich sein wird, scheint es auch eine veränderte Einstellung gegenüber dem Anspruch auf Lebensstandard zu geben. Die Reinrassigkeit verliert jegliche Bedeutung, das heißt, man sieht nichts Edles mehr darin, reiner Abstammung und Hautfarbe zu sein. Dies zieht für manche Völker, zum Beispiel für die sehr konservativ eingestellten „goldenen" Menschen, schmerzhafte Prozesse nach sich.

Das 21. Jahrhundert

„Der große Senat der Unterschiedslosigkeit aller wird großen Pomp entwickeln" ...

Offenbar sind es Parteien, welche sich die Gleichheit aller Menschen auf ihre Fahnen geschrieben haben. Bei den Massen kommen sie damit gut an. Der politische Slogan: „Alle Menschen sind gleich und haben Anspruch auf den gleichen Lebensstandard", wird sich besonders in den USA oder in einem von den USA beherrschten Staatenbund durchsetzen. Dort wird man die „neue Weltanschauung" besonders betonen. Sie wird sich, blickt man auf das Ende des 21. Jahrhunderts, so vehement durchsetzen, daß alte Systeme, die eine gute Zukunft versprachen, aus den Köpfen der Menschen vollkommen verschwinden.

WER SIND WOLF, LÖWE, STIER UND ESEL?
Immer wieder stößt man in den Versen des Nostradamus auf Tiere. Was will der große Seher mit ihnen zum Ausdruck bringen?

> X. Centurie, Vers 99, Prophezeiung für das Jahr 2099:
> *Das Ende des Wolfes des Löwen des Stiers und Esels*
> *Schüchterner Kopf der Menge in der Luft mit der Masse sich einweiht*
> *Nichts mehr ist teuer — strahlend das Süße*
> *Mehr Wachsamkeit und ein Altarvorhang für die Masseneinweihung*

Die Mächtigen

Der „Wolf" war für Nostradamus Sozialismus, Kommunismus und die diesen Zeitströmungen zugehörenden Personen Marx, Engels und Lenin. „Der Wolf hat sich ins gemachte Bett gelegt", orakelt der Seher für das erste Jahrzehnt des 20. Jahrhunderts.

Mit dem „Löwen", dem Gegenspieler des Wolfes, ist der aus der Industrialisierung hervorgegangene Kapitalismus gemeint. Auch diesem steht das Ende bevor. Schwerer fällt es mir, den „Stier" richtig zuzuordnen. Damit scheint Nostradamus auf die Wirtschaftsphilosophie des Buddhismus und Hinduismus anzuspielen. Möglicherweise wird die für das 21. Jahrhundert sehr bedeutende Wirtschaftsgruppe aus Japan, China und Indien von Nostradamus durch das Symbol „Stier" zusammengefaßt.

Der „Esel" ist wieder leichter zu begreifen. Er spielt in den Versen für das 20. Jahrhundert mehrfach eine Rolle und wird von Nostradamus in der Regel im Zusammenhang mit dem Islam verwendet. Wie die drei anderen Tiere auch scheint der Esel ebenfalls für die Entflechtung von Religion und Wirtschaft zu stehen.

DIE MÄCHTIGEN DES 21. JAHRHUNDERTS

DER MOHAMMEDANISCHE STAATENBUND

Das erste große Ereignis im nächsten Jahrhundert ist der Zusammenschluß zu einer neuen Art UNO, in der nur mohammedanische Staaten vertreten sein werden. Analog wird es wohl zu einem Staatenverbund aller nichtmohammedanischen Staaten kommen.

X. Centurie, Vers 5, Prophezeiung für das Jahr 2005:
Zu Füßen von hundert Sternen wird es eine neue Vereinigung geben

X. Centurie, Vers 6, Prophezeiung für das Jahr 2006:
Sarazenen geben sich 1 000 Jahre — so hoch wie die unbegrenzte Luft

Diese Einigung des mohammedanischen Lagers wird, Nostradamus zufolge, zu einer Siegeszuversicht ungeahnten Ausmaßes führen. In seinen Prophezeiungen für das 20. Jahrhundert hat der Seher die PLO-Kämpfer als Sarazenen bezeichnet.

DER WELTKONFLIKT IM NEUEN JAHRTAUSEND

Einer der Marksteine ist der bereits an anderer Stelle besprochene Vers über die Attentate gegen vier Regierungschefs.

X. Centurie, Vers 8,
Prophezeiung für das Jahr 2008:
Vier Könige in sieben Tagen tödlich verletzt

Obwohl der Hinweis auf das schreckliche Ereignis im Vers für 2008 gegeben wird, findet die eigentliche Tat erst Ende 2010 statt. Aus anderen Texten geht hervor, daß zu diesem Zeitpunkt ein ernster Konflikt zwischen Frankreich und Großbritannien ausbrechen wird. In dieser Atmosphäre wird es zu den vier erwähnten Attentaten kommen. Betroffen sein werden der Präsident der USA, von Nostradamus der „Wissenschaftler" genannt, der französische Präsident, der englische Premierminister und der deutsche Bundeskanzler, den Nostradamus als den „Bär" bezeichnet. In der politischen Eskalation spielt auch eine Frau, die „Durchtriebene", eine Rolle. Nostradamus scheint diesen Text als einen zusätzlichen Hinweis hinterlassen zu haben, um den Ernst der Lage zu betonen.

X. Centurie, Vers 9, Prophezeiung für das Jahr 2009:
Von der durchtriebenen Frau werden zwei selbständige Prinzen geboren

Diese Frau hat den Ausbruch des großen Konflikts von 2011 indirekt mit zu verantworten. Während die Attentate und die Reaktionen der Mächtigen durch einen Mann geplant werden, der von Nostradamus, als der „Bärtige" beschrieben wird.

X. Centurie, Vers 11, Prophezeiung für das Jahr 2009:
Vom Bärtigen nicht beachtet –
im Regierungssitz lacht der Herzog über die Falle

Als „Bärtige" bezeichnet Nostradamus im 20. Jahrhundert unter anderem auch die Fundamentalisten des Islam. Es gibt genug Hinweise, daß der Drahtzieher des Weltkonflikts ein mohammedanischer Politiker ist, der allerdings nicht im Vordergrund stehen wird. Den berühmten imaginären Knopf drückt vielmehr der „alte Führer" und sein Sohn. Bereits für 1990 erwähnt Nostradamus, daß der „alte Führer" in diesem Jahr seine politische Karriere begonnen hat, um sich auf den größten Krieg der Menschheit vorzubereiten.

Die Mächtigen

X. Centurie, Vers 15,
Prophezeiung für das Jahr 2015:
Zwei Kriege werden vom alten Führer in vier Jahren geführt
und vom Durst beladen
Am außerordentlichen Tag — der Sohn verleugnet die Sucher

In diesem Vers benennt Nostradamus den Verursacher der Kriege. Dabei spielt es für ihn keine Rolle, welche äußeren Umstände oder Personen zu Beginn des Kriegs dafür verantwortlich gemacht werden.
Frankreich wird für lange Zeit keinen Präsidenten oder Regierenden wählen, akzeptieren oder einsetzen. Der Schock des Attentats sitzt so tief, daß die Franzosen sich bemühen werden, eine Art Gottes- oder Religionsstaat zu gründen.

X. Centurie, Vers 16, Prophezeiung für das Jahr 2016:
Glücklich Frankreich zu regieren — glücklich zu leben
Unbekannt Blut Tod Furioses und Verbrechen
Keiner Blähung ausgesetzt wird sein das Leben
Der König ist entkleidet — viele im Glauben sich in der Folge einweihen

In Großbritannien wird man um 2017 eine Königin wählen und einsetzen. Läßt dies den Schluß zu, daß die uns heute bekannten männlichen Mitglieder des Königshauses den Weltkonflikt nicht überleben werden? Wer ist heute das Mädchen oder die junge Frau, die im Jahre 2017 zur Königin von England wird?

X. Centurie, Vers 17,
Prophezeiung für das Jahr 2017:
Die Königin wird erwählt — die Sterne sehen ihre Insel verletzt

Die „Sterne" sind hier für Nostradamus das Symbol für die USA, der sie vielleicht mit dem Sternenbanner assoziiert haben mag. Offenbar werden sich die Amerikaner nach der großen Katastrophe intensiv um England kümmern.

EINE ERFOLGREICHE FRIEDENSMISSION
Wer werden die nächsten Akteure auf der Bühne im 21. Jahrhundert sein, nachdem sich die Welt wieder formiert hat?

X. Centurie, Vers 27, Prophezeiung für das Jahr 2027:
Durch ein Fünftel und einen großen Gewaltigen
Wird der Tempel geöffnet werden mit kriegerischer Hand

Das 21. Jahrhundert

Eins — 100 dem Lügenkerl und die Skandierer bekommen es
Der Hoffnung Schlüssel der Adler —
dann nicht den großen Stachel haben wird

Im Jahre 2027 sieht Nostradamus einen neuen Mann ins Rampenlicht der Weltgeschichte treten. Der „Gewaltige" wird über „ein Fünftel" der Weltbevölkerung
herrschen. Bezeichnungen wie gewaltig, gewalttätig und dergleichen benutzte
Nostradamus bisher immer, wenn er Diktatoren beschrieb. Daraus läßt sich
schlußfolgern, daß auch um 2027 ein neuer Tyrann die Welt mit kriegerischer
Hand im Griff halten wird. Diese Periode wird etwa zehn Jahre andauern. Dann
wird eine Gruppe von Staatsmännern im Gedanken an die Katastrophe von 2011
bis 2014 dafür sorgen, daß für einige Jahrzehnte jeglicher Krieg unmöglich ist. Die
Verse für 2036 bis 2043 zeigen, daß ihnen eine der erfolgreichsten Friedensmis-
sionen aller Zeiten gelingt.

X. Centurie, Vers 36, Prophezeiung für das Jahr 2036
Nachdem der besorgte König befürchtet — das zuvor Kriege sprechen
Die Inseln bekanntgeben Methoden — damit man Seelen gefangen halten kann
Einige Jahre Gutes vollendet sich — große Einheit und Plünderer

X. Centurie, Vers 40, Prophezeiung für das Jahr 2040:
Wenn die Zwei erscheint — stirbt der Krieg bevor er sich empfiehlt

X. Centurie, Vers 41, Prophezeiung für das Jahr 2041:
In der Runde der Drei, die den Kopf gebrauchen
Nein was für einen Krieg man getötet hat — Sterne

X. Centurie, Vers 42, Prophezeiung für das Jahr 2042:
Der menschliche Herrscher der Engel —
die Liga gegen den harten Krieg bildet

X. Centurie, Vers 43, Prophezeiung für das Jahr 2043:
Die sehr gute Zeit sehr guter Königsherrschaft

Es sind sehr tröstliche Vorhersagen für eine Friedensordnung, die man sich schon
viel früher gewünscht hätte. Soweit es heute schon möglich ist, diese Zeilen zu
interpretieren, läßt sich herauslesen, daß es zu einer Übereinkunft von drei Staatsmännern kommen wird, die alle politischen, wirtschaftlichen und wissenschaftlichen Interessen durch eine gemeinsame Instanz überwachen lassen. Diese Instanz

Die Mächtigen

hat in Streitfällen die Aufgabe zu schlichten. Aus anderen Anmerkungen in den folgenden Versen geht hervor, daß diese Instanz zugleich die Länder, welche nicht zu diesen drei „Königreichen" gehören, strikt überwacht wird.

Im Vers für das Jahr 2044 macht Nostradamus klar, wo die Gefahren für einen dauerhaften Frieden liegen und beschreibt, wie die drei Staatsmänner dennoch einen dauerhaften Weltfrieden schaffen.

X. Centurie, Vers 44, Prophezeiung für das Jahr 2044:
Weil ein König gegen die Wissenschaft spricht
Der Geborene von den Zwei — Treue erfährt — Zeit der reichen Liga

Man muß sich die Situation wohl so vorstellen, daß eines der Mitglieder in dem Dreierbund in seinem Land Schwierigkeiten mit seinen Forschern bekommt, vorstellbar wären Wissenschaftler der Rüstungsindustrie. Weil er sich seinen Bundesgenossen anvertraut, ist eine Lösung des Problems möglich, ohne daß Geldmittel in einer Rüstungsspirale versacken. Die Folge ist die „Zeit der reichen Liga", das heißt, man spart viel Geld, weil es nicht für Angriff und Verteidigung ausgegeben werden muß.

In diese Zeit erwähnt Nostradamus eine Politikerin, die als „Witwe" in diese Rolle gedrängt wird. Aus Details an anderer Stelle kann man ermitteln, daß einer der Staatsmänner des Dreierbunds den Tod findet. Offenbar kommt es durch die Nachfolge der „Witwe" zu Befürchtungen, daß der Dreierbund dadurch gefährdet sein könnte. Der diesbezügliche Vers des Nostradamus wirkt in dieser Hinsicht beruhigend.

X. Centurie, Vers 45, Prophezeiung für das Jahr 2045:
Die Witwe ist nahe — bereitgestellt um den Krummbeinigen zu lieben
Goldener König — die Jahre werden ihm die rechtmäßige Mauer zurückgeben

Dem chinesischen Regierungschef (der „goldene König") wird durch dieses neue Friedenssystem in einem Schiedsspruch seine „rechtmäßige (chinesische) Mauer" zurückgegeben werden, ohne daß er dafür einen Krieg führen muß. Dies bedeutet, daß China offenbar zu Beginn des neuen Jahrhunderts einen großen Teil seines Landes verliert.

DAS „GOLDENE ZEITALTER"

In der Mitte des 21. Jahrhunderts sieht Nostradamus ein sogenanntes „goldenes Zeitalter" hereinbrechen. In der Vorstellungswelt des Sehers kommt eine solche Periode einmal in 1000 Jahren und währt zwischen 50 und 100 Jahre. Die Berechnung der 1000 Jahre erfolgt jedoch nicht auf der Basis der uns vertrauten Zeitrechnung, sondern nach einem Modell, welches sich bisher noch nicht bis auf seinen Ursprung zurückverfolgen ließ. Um 1920 stellt Nostradamus in einem Vers fest, daß das „goldene Zeitalter" zu diesem Zeitpunkt noch nicht zu erwarten ist. In dem Vers für das Jahr 2045 kündigt er es jedoch deutlich an. Dennoch scheint Nostradamus über seine Visionen für diese Zeit nicht glücklich gewesen zu sein.

X. Centurie, Vers 2046, Prophezeiung für das Jahr 2046:
Leben — meinetwegen stirb am Reichtum des Goldes —
Haus der Einweihung ohne Würde
Wird sein in Sachsen kein neuer Kurfürst gewählt
Dem Braunen folgen 100 — werden kommen lassen die gezeichnete Liebe

Dieser Vers für das Jahr 2046 enthält einige gut versteckte sensationelle Hinweise. Als erstes sagt Nostradamus voraus, daß die Menschen jener Zeit im Luxus ersticken werden. Dann prophezeit er, daß in Sachsen das neue Zentrum Deutschlands entstehen wird. Und schließlich sieht er voraus, daß 2046 erstmals ein Farbiger zum Papst gewählt wird — in Anbetracht der ohnehin bevorstehenden Rassenvermischung keineswegs schockierend.

Das „goldene Zeitalter" verspricht, eine aufregende Zeit zu werden. Man stelle sich vor: eine moderne Stadt, die nur von Mönchen und Nonnen bewohnt wird! Die Menschen mit den rasierten Köpfe bestimmen darüber, was richtig und was falsch ist. Zu dieser Zeit paßt sich der Kapitalismus der neuen Denkweise an. Der „große Prälat des Löwen" steht für den Mann, der diese Interessengruppe offen sichtbar oder aus dem Verborgenen heraus leitet.

X. Centurie, Vers 47, Prophezeiung für das Jahr 2047:
Für die Stadt die die Seelen schmückt
Dort man trifft Rasierte — gebrauchen einen Teil des Tones
Der große Prälat des Löwen verändert zuvor seine Gestalt

X. Centurie, Vers 53, Prophezeiung für das Jahr 2053:
Die drei Glatzköpfigen —
diejenigen die sich lange gegenseitig geschlagen haben
Dort die geringste Angst — Zeit des Hörens.

Außerhalb des „Dreierbundes für den Weltfrieden" ist nach wie vor die Vereinigung der mohammedanischen Länder aktiv. Zwischen 2060 und 2064 kommt es

Die Mächtigen

nochmals zu einer blutigen Auseinandersetzung. In diesem Zusammenhang wird der Führer der Christen von Nostradamus als „Herold der Zimperlichen" bezeichnet.

X. Centurie, Vers 62,
Prophezeiung für das Jahr 2062:
Nahe die Goldenen um zweifach die Ungarn anzugreifen
Der Herold der Zimperlichen die kommen werden zum Todesschuß

X. Centurie, Vers 66,
Prophezeiung für das Jahr 2066:
Der Herr von London —
eingesetzt durch die Regierung der reichen Seelen Amerikas
Über die Insel die sich mit den Hörnern stößt herrscht —
das Zeitalter ist durch Gefrieren geprägt
Der König der Wiedertäufer
einen großen Fehler gegenüber dem Antichristen macht
Dadurch daß sie alles in die aussätzigen Seelen investieren werden

DAS LETZTE VIERTEL DES 21. JAHRHUNDERTS

Je mehr man sich dem Ende des 21. Jahrhunderts nähert, desto schwieriger wird es, die Verse des Nostradamus zu entschlüsseln. Persönlichkeiten erlangen Bedeutung, die der Seher aus Salon-de-Provence zwar auf seine typische Art beschreibt, doch ist es unmöglich, sie mit heute bereits existierenden politischen oder weltanschaulichen Strömungen in Verbindung zu bringen. Daher sollen für das letzte Viertel des 21. Jahrhunderts die relevanten Verse ohne Kommentar hervorgehoben werden, um für sich selbst zu sprechen.

X. Centurie, Vers 80, Prophezeiung für das Jahr 2080:
Um zu regieren der Schwarze zuvor die große regierende Regierung absetzt
Durch die Macht der Waffen werden die großen Ländergrenzen bestimmt
Zeit der geöffneten Luft und der Herzog freut sich
Zerstörung trägt das Neue der Töne — Tag des Dummkopfs

X. Centurie, Vers 85, Prophezeiung für das Jahr 2085:
Der alte Tribun am Punkt der drei Halbkreise
Wird unterdrückt werden — gefangen und nicht in Freiheit gesetzt
Der Alte wird nicht wollen — das Böse wird schüchtern sprechen
Durch Rechtskräftiges seiner Freunde — ausgeliefert

Das 21. Jahrhundert

X. Centurie, Vers 86, Prophezeiung für das Jahr 2086:
Wie ein Geier wird kommen der König Europas
Begleitet von demjenigen von Aquilon — den ersten den man schon hat

X. Centurie, Vers 90, Prophezeiung für das Jahr 2090:
Hundertmal sterben wird der unmenschliche Tyrann
An seinen Platz gestellt — versiegelt und gutmütig geworden
Der ganze Senat wird sein unter seiner Hand
Gekennzeichnet wird er sein durch Schlauheit und Waghalsigkeit

X. Centurie, Vers 91, Prophezeiung für das Jahr 2091:
Römischer Klerus — im Jahr 1000 sechs hundert und neun
Zum Chef der Esel wird er erwählt sein
Aus einem grauen und schwarzen der Gesellschaft hervorgegangen
Welcher elf nicht schlau gemacht hat

X. Centurie, Vers 95, Prophezeiung für das Jahr 2095:
In vier Jahren wird in Spanien ein sehr mächtiger König kommen
Plötzlich über dem Meer und der Erde Großes aus dem Süden

KRIEG UND FRIEDEN IM 21. JAHRHUNDERT

EINE BEMERKUNG IM VORAUS

In allen meinen Büchern veröffentliche ich die nachstehenden Verse des Nostradamus in der Hoffnung, daß sie von möglichst vielen Menschen gelesen, zum rechten Zeitpunkt verstanden und von ihnen anhand der richtigen Schlußfolgerungen in die Tat umgesetzt werden. Sollte sich Nostradamus geirrt oder ich bei meiner Arbeit gravierende Fehler gemacht haben, dann bitte ich für ihn und mich um Verzeihung. Kommt es aber so, wie Sie es auf den folgenden Seiten lesen, und haben Sie sich vor der kritischen Zeit richtig verhalten, dann wünsche ich Ihnen und Ihrem Erbgut, daß in Ihren Kindern und Kindeskindern weiterleben wird, eine große Zukunft.

DER ERSTE GLOBALE KRIEG

In den ersten 50 Jahren des 21. Jahrhunderts liegen Krieg und Frieden sehr nahe beisammen. Der kritischste Zeitpunkt für die erste große Auseinandersetzung zwischen der westlichen Welt und dem Islam sind die Jahre 2005 bis 2015.
Die Historiker haben den Kriegen von 1914 bis 1918 und von 1939 bis 1945 den Beinamen „Weltkriege" verliehen, obwohl die rein juristische Kriegserklärung mancher Länder de facto nicht einen einzigen Kriegstoten von ihnen gefordert hat. Zu gerne wüßte ich schon heute, welche Bezeichnung sie sich für den ersten Krieg im dritten Jahrtausend ausdenken werden. Dieser Krieg wird, wenn man Nostradamus glauben darf, die Hälfte der amerikanischen Bevölkerung, etwa zwei Drittel der europäischen Bewohner und drei Viertel der Mohammedaner das Leben kosten. Kurz, es ist der erste globale Krieg, der insbesondere die nördliche Halbkugel voll treffen wird. Die Beschreibung dieser Katastrophe durch Nostradamus spricht für sich und bedarf nur weniger Stichworte, um bei der Zuordnung der tatsächlichen Ereignisse zu helfen.

X. CENTURIE, VERS 5,
PROPHEZEIUNG FÜR DAS JAHR 2006:
Wenn die höllischen Kasten unter dem Meer zusammen sind
vollendet sich ihr Preis brennend
Wenn beim Herrn der Neun — das Monster sich wütend wäscht

Hier ist die Rede von der Stationierung neuer Waffensysteme auf dem Meeresboden durch die GUS-Staaten.

X. Centurie, Vers 7,
Prophezeiung für das Jahr 2007:
Großer Streit den man im alten Jahr vorbereitet
Das Ausgemergelte spricht zu allen — ich bin die Suppenspeise
Die Insel der Briten wird durch salzigen Wein gereizt
Im Halbkreis gesetzt zwei Fäden — 11 Zeiten halten nicht Mahlzeiten

Dies ist eine Beschreibung des Konflikts, wie er zu Beginn 2011 seinen Anfang nehmen wird. Zu seinen Folgen wird eine Hungerkatastrophe gehören, die elf Jahre währen wird. Gegen Großbritannien werden chemische Waffen eingesetzt.

X. Centurie, Vers 8, Prophezeiung für das Jahr 2008:
Indien bei 10 und Kugeln schmelzen — Zeit der Luft
Vom Senat der Bitternis geht der Graf zu seinem sauberen Sohn
Der Myrrhen nicht beseelt durch die Meisten der auserwählten Stimmen
Vier Könige in sieben Tagen tödlich verletzt

Da Kolumbus erst 50 Jahre vor der Veröffentlichung der „großen Prophezeiungen" Westindien entdeckt hatte, setzt Nostradamus Indien noch immer mit Amerika gleich. Auf vier Staatsmänner werden in sieben Jahren Attentate verübt.

X. Centurie, Vers 9,
Prophezeiung für das Jahr 2009:
Für 100 Sterne die man darstellt — Tage der Reifung
Von der durchtriebenen Frau werden zwei selbständige Prinzen geboren

Hundert Staaten stehen Tage der Prüfung bevor.

X. Centurie, Vers 10,
Prophezeiung für das Jahr 2010:
Vier gekaufte Mörder — ungeheurer Krieg entsteht
Großer Feind des ganzen menschlichen Geschlechts
Er wird sein schlimmer als derjenige der Großväter —
elf sie gebären zwei Kriege
Mit Eisen Feuer Wasser — blutig und unmenschlich

Ein erneuter Hinweis auf die vier Attentate, die innerhalb einer Woche erfolgen. Krieg wird alle Menschen treffen. Elf steht für 2011.

> X. CENTURIE, VERS 11, PROPHEZEIUNG FÜR DAS JAHR 2011:
> *Unter der ionischen Küche — die gefährliche Vorbeifahrt*
> *Wird sein vorübergehend der Nachgeborenen Last*
> *In den Bergen das Schlimmste geht vorüber ohne Belastung*
> *Vom Bärtigen nicht beachtet —*
> *im Regierungssitz lacht der Herzog über die Falle*

„Ionisch" ist hier ein Hinweis auf chemisch. Kinder werden durch den Krieg Erbschäden davontragen. In den Bergen oder in aufgeschütteten Erdhügeln besteht eine Überlebenschance.

> X. CENTURIE, VERS 13, PROPHEZEIUNG FÜR DAS JAHR 2013:
> *Unter den Niederen — Not der wiederkäuenden Tiere*
> *Erscheint die 10 — geführt zum Sieg im Wind der zweipoligen Liga*
> *Versteckte Soldaten lenken die dröhnenden Waffen*
> *Nicht fern die Zeit der Erprobung der gegenpoligen Stadt*

Der Vegetation steht erhebliche Verseuchung bevor, daher stirbt auch das Nutzvieh. Auch die südliche Halbkugel wird in den Krieg verwickelt sein. Raketen werden zum Einsatz kommen.

Raketen werden zum Einsatz kommen

X. Centurie, Vers 14,
Prophezeiung für das Jahr 2014:
Urne des Kalbes —
wenn die Jahre der Ratschläge da sind für die die sich selbst aufgeben
Spricht die Herde schüchtern — aus Furcht vor dem siegreichen Prinz
Begleitet werden die meisten von Schwestern erbleichter Eiterpusteln
Zum Teil man sie nicht zu Einsiedlerinnen gemacht hat

Mit dem Jahr 2014 klingt die Katastrophe aus. Die überlebende Bevölkerung wird stark unter Hauterkrankungen zu leiden haben, doch die Kranken werden nicht isoliert. Leider kommen falsche Behandlungsmethoden zum Einsatz.

X. Centurie, Vers 15,
Prophezeiung für das Jahr 2015:
Zwei Kriege werden vom alten Führer in vier Jahren geführt
und vom Durst beladen
Am außerordentlichen Tag — der Sohn verleugnet die Sucher
Inmitten der Macht des Lebens — der Tod wird kommen —
rauh und lang bei der Elf
Der Senat auf der Insel stirbt — lange und leicht

In diesem Vers blickt Nostradamus noch einmal auf die Katastrophe zurück. Der globale Krieg wird von einem sehr alten Staatsmann ausgelöst werden, und er wird unerwartet auf dem Höhepunkt des Wohlstands kommen. Bei der Elf, also Ende 2010 oder Anfang 2011, wird der Hauptschlag in diesem Krieg gegen England gerichtet sein.

RACHEFELDZUG GEGEN DIE MOSLEMS

Obwohl diese Aussichten für 2011 und die Folgejahre keineswegs schön sind, kommt es noch schlimmer. Nostradamus sah voraus, daß sich die Christenheit zu einem Rachefeldzug gegen die Moslems entschließt, die sie für den Krieg verantwortlich macht. Vergeltung wird an jedem Mohammedaner gesucht, der den ersten globalen Krieg überlebt hat. Bis in das heilige Zentrum des Islam, bis nach Mekka, wo die Kaaba steht, werden die Kämpfe vordringen.
Dieser Rachefeldzug wird von Nostradamus, der ja die Konsequenzen vor Augen hat, nicht gerne gesehen. „Der Sohn der Woge des Blutes wird in Rom erwählt", schreibt der Seher in seiner Prophezeiung für 2018 und verurteilt damit den Papst, der zu diesem Rachefeldzug aufrufen wird. Denn schließlich wird Europa schon bald Italien an die Moslems verlieren.

X. Centurie, Vers 19, Prophezeiung für das Jahr 2019:
Der Tag wird durch den König nicht begrüßt werden
Am Tage danach — der Gruß wird das Gebet sein
Die Abrechnung macht den Verstand weiß
Scheuklappen der demütigen Elf —
welche nicht gemacht haben solch einen Krieg

Nach diesem Schlagabtausch steht die Welt unter einem Schock. Die Opfer des Kriegs haben mit sich zu tun, ganze Landstriche sind unbewohnbar, weil sie durch chemische Kampfstoffe verseucht sind, die Infrastruktur ist weitgehend zusammengebrochen. Gebete, so prophezeit Nostradamus, werden in der Folge die Hauptbeschäftigung der Überlebenden auf der nördlichen Halbkugel sein.

DIE NACHKRIEGSZEIT

Doch auch diese schlimme Zeit geht vorüber. Diejenigen, die sich rechtzeitig in die Berge des Südens absetzen konnten und von der Katastrophe verschont wurden, beginnen mit dem Wiederaufbau. Doch viel Kraft wird vertan im Streit um Grund und Boden und um die Staatsgrenzen.

X. Centurie, Vers 22,
Prophezeiung für das Jahr 2022:
Um nicht die Übereinstimmung zu bekommen — man redet von Scheidung
Welche Macht soll gleichgestellt sein — Entrüstung

X. Centurie, Vers 23,
Prophezeiung für das Jahr 2023:
Dem Volk zeigen sich unangenehme Tatsachen — sie wieder zeigen Ranziges
Dadurch die Armee besetzt Zusammengeschrumpftes
Im Tor des Geldes sie führen Wehklagen
Und um das Recht wiederzubekommen —
einer nach dem anderen in hitzige Wut gerät

Die erforderliche Hilfe in dieser verfahrenen und elenden Situation Anfang des 21. Jahrhunderts wird von den „Goldenen" kommen, von den Menschen mit der gelben Hautfarbe.

X. Centurie, Vers 24, Prophezeiung für das Jahr 2024:
Durch große Anstrengungen der Goldenen für die Besiegten
Die Insel wohlbehalten übersteht den Schlag des Feuers durch die in der Luft befestigten Inseln

Nicht die Chinesen, sondern die Japaner sind hier gemeint. Japan übersteht den großen Atomschlag des globalen Kriegs zwischen 2011 und 2014, weil es noch rechtzeitig Raketenabwehrsysteme im Weltraum („in der Luft") stationieren („befestigen") konnte.

Nach und nach regeneriert sich das verseuchte Land. Im Jahre 2025 beschreibt Nostradamus nochmals die Hautprobleme der Kriegsopfer. Er tröstet die Überlebenden, indem er ihnen prophezeit, daß ihre Leiden nur etwa vier Jahre andauern werden. Außerdem teilt er die Geburt oder den Beginn der politischen Karriere von vier Führerpersönlichkeiten an.

Japan wird den globalen Krieg mit Hilfe von Raketenabwehrsystemen im Weltraum überstehen

X. Centurie, Vers 25, Prophezeiung für das Jahr 2025:
Vier Jahre werden die Hautabschuppungen andauern
wie auf den Inseln der Tragödie
Die vier großen Seelen sitzen im Orchester

DIE ZEIT DER KLIMAVERÄNDERUNGEN

Die Zeit hat viele Wunden geheilt. Die Erde hat sich regeneriert. Ein neuer Anfang wird gesucht, indem Überlebende in unbewohnte, aber klimatisch vorteilhaftere Landstriche umgesiedelt werden.

X. Centurie, Vers 31, Prophezeiung für das Jahr 2031:
Das heilige Reich wird kommen in Deutschland
Ismaeliten werden gefunden haben die Orte wo es grün ist
Esel werden wollen auch dort handwerken
Die Unterstützungen der Erde alles öffnet

Daß dieser Vers in der Zeit des Nationalsozialismus mißbraucht wurde, läßt sich leicht denken. Doch unvoreingenommen betrachtet, gibt es zwei Deutungsmöglichkeiten für diese Vorhersage. Zum einen kann sie ein Hinweis dafür sein, daß der Papst seinen Sitz nach Deutschland verlegt. Dafür spricht, daß der Papst in den nächsten 500 Jahren fünfmal umziehen muß. Außerdem entsteht auf dem Gebiet des heutigen Deutschland das Territorium der älteren Menschen, der Philosophie und der Weltanschauungen. Zum anderen kann sich die Beschreibung „das heilige Reich"

„*Das heilige Reich wird kommen in Deutschland ...*"

auch auf den jüdischen Glauben und damit auf Israel beziehen. Folgt man der zweiten Möglichkeit, dann bedeutet der Vers, daß Israel seinen Sitz nach Deutschland verlegen wird. Heute noch undenkbar, morgen vielleicht schon lebensnotwendig. Auch die arabischen Nachbarn werden versuchen, in klimatisch bessere Regionen vorzudringen. Natürlich werden die Bewohner der nördlichen Regionen dies zu verhindern suchen.

X. CENTURIE, VERS 32, PROPHEZEIUNG FÜR DAS JAHR 2032:
Das große Reich jeden der in der Pflicht steht sehr prüft
Eines ist sauer die anderen werden das Leben erlangen
Aber nur wenig Zeit für die gründliche Prüfung wird sein

Warum die zwingende Notwendigkeit besteht, das nördliche Afrika und den Nahen Osten zu verlassen, beschreibt Nostradamus für das Jahr 2033. Offenbar ist eine entscheidende Klimaveränderung eine Spätfolge des vorangegangenen globalen Kriegs.

X. CENTURIE, VERS 33, PROPHEZEIUNG FÜR DAS JAHR 2033:
Die chemische Tatsache ist grausam und mit langem Kleid
Wird kommen diese Teuerung an der Stelle, wo die Dolche gebraucht werden
Ergriffen wird die Woge des Gefrorenen
von dem Ort des zweifachen Aufbegehrens
Ihr Herabstieg geöffnet durch Grenzenloses und
lange es nichts Natürliches gibt

So wie Nostradamus es beschreibt, könnte ein radioaktiver Niederschlag aus den höheren Schichten der Atmosphäre gemeint sein. Diese neuerliche Katastrophe wird jene Länder betreffen, die den Dolch als persönliche Waffe kennen, also vornehmlich die arabischen.

FRIEDENSZEIT

Die Folgen des globalen Kriegs werden laut Nostradamus um 2041 ihre Wirkung verloren haben. Drei Politiker werden nun eine Weltordnung festschreiben, die einen neuerlichen großen Krieg von vornherein verhindert.

X. Centurie, Vers 41,
Prophezeiung für das Jahr 2041:
In der Runde der Drei die den Kopf gebrauchen
Nein was für einen Krieg man getötet hat — Sterne
Zwei Inseln ranzig — die Hälfte gebraucht nichts als den Ton des Strahlens
Umgeben von Nasen wie Kugeln und großen Mützen

Zu diesem Zeitpunkt entsteht bereits ein neuerlicher Konflikt in einem Staat, den Nostradamus als „zwei Inseln" beschreibt. Der Begriff „Kopf" taucht hier das erste Mal in den Versen auf. Er wird bis zum Ende der Prophezeiungen im Jahr 3797 eine wichtige Rolle spielen. Mit diesem Wort meint Nostradamus eine Art Großcomputer, der alle Alltagsgeschehnisse zu koordinieren vermag.

Wer der Meinung ist, daß diese Geräte das Leben des Menschen bestimmen und ihn in seiner Freiheit beschneiden werden, der irrt sich. Man stelle sich nur einen Rechner vor, der sämtliche Verkehrsampeln, Flugbewegungen, Schiffsverbindungen und so fort steuert und darüber hinaus auch noch die Bereitstellung und Versorgung des Menschen mit allem Lebensnotwendigen plant und durchführt. Was für eine Zeitersparnis! In einem solchen System wird dann auch ein Programm eingebunden, das Konflikte gar nicht erst aufkommen läßt.

X. Centurie, Vers 42, Prophezeiung für das Jahr 2042:
Der menschliche Herrscher der Engel — Liga gegen den harten Krieg bildet
Zeit der Regierung der Töne — Friede man vereinigt hält
Der Krieg ist gefangen zur Hälfte in ihren Klöstern
Lange Zeit der Friede ihr Zeitalter beherrscht

Trotz des anhaltenden Friedens wird man weiter an neuen Waffensystemen bauen. Die erste Erprobung von Klimawaffen wird darüber hinaus auf regionaler Ebene ein Unglück verursachen.

Krieg und Frieden

„Die Erde und die Luft werden gefroren sein" ...

X. Centurie, Vers 71,
Prophezeiung für das Jahr 2071:
Die Erde und die Luft werden gefroren sein — auch das große Wasser
Weil man beginnen wird den göttlichen Krieg zu spielen

Mit dem „göttlichen Krieg" meint Nostradamus das Wetter. Die Erprobung künstlich erzeugter Wettererscheinungen führt zu Zerstörung durch extreme Kälte und Hitze, Hagel, Blitzschlag, Sturmflut und Orkan. Der Mensch richtet furchtbares Unheil an.
2078 besteht die Gefahr einer lokal begrenzten Krise, aber, wie sich Nostradamus ausdrückt, „die Waffen schrumpfen", das heißt die Abrüstung wird noch rechtzeitig erfolgen.

X. Centurie, Vers 78,
Prophezeiung für das Jahr 2078:
Plötzliche Freude in plötzlicher Trauer
Wird sein als Wohlgeruch der Gnade umarmt
Großes Leid läßt ihre Waffen zusammenschrumpfen
Gerichtet gegen die Vereinigung — aus der Luft Überrumpelung und Zähmung

DAS COMPUTERGESTEUERTE SYSTEM DER FRIEDENSSICHERUNG

Wie könnte dieses System der Friedenssicherung konzipiert sein? Aus der heutigen Sicht ist es sehr schwer zu bestimmen, wie dieses computergesteuerte System der Friedenssicherung beschaffen sein könnte. Also bleibt nichts anderes übrig, als sich mit Phantasie und den wenigen Angaben in den Versen des Nostradamus zu behelfen.

X. Centurie, Vers 80, Prophezeiung für das Jahr 2080:
Durch die Macht der Waffen werden die großen Ländergrenzen bestimmt
Zeit der geöffneten Luft und der Herzog freut sich
Zerstörung trägt das Neue der Töne — Tag des Dummkopfs

Es wäre denkbar, daß man diesem Computer die Kontrolle über ein Waffensystem einprogrammiert hat. Es aktiviert sich, wenn ein Unbefugter mit Gewalt versucht, die Ländergrenzen zu verändern. Mit „Zeit der geöffneten Luft" könnte auch eine freie Weltraumfahrt gemeint sein. Die Formulierung muß nicht bedeuten, daß der Luftraum grundsätzlich für jeden frei ist. Bezieht sich der Hinweis aber doch auf

Krieg und Frieden

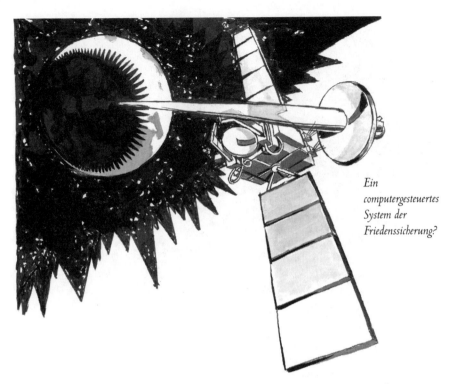

Ein computergesteuertes System der Friedenssicherung?

den Luftraum, dann könnte auch gemeint sein, daß es gar keine Souveränität über den eigenen Luftraum mehr gibt.
Dieser Ansatz wäre als künftige Friedensregelung keine schlechte Lösung. Man schafft ein computergesteuertes Waffensystem und verzichtet auf Hoheitsrechte im Luftraum. In dem Augenblick, in dem ein Land zu Wasser, zu Land oder aus der Luft angegriffen wird, schlägt das Computersystem zu. In seinem Vers für das Jahr 2082 gibt Nostradamus ein Beispiel dafür, wie das System der Friedenssicherung in Aktion funktioniert.

X. Centurie, Vers 82, Prophezeiung für das Jahr 2082:
Zusammenschrumpfen ihrer Waffen mit Unkosten wird bei zehn kommen
Scheinen vorher davor zu fliehen — danach Angriff

Das Friedenssicherungssystem hat einen militärischen Vorstoß registriert. Der Sünder weigert sich abzurüsten. Doch es wird ihm schließlich nichts anderes übrigbleiben.

Wird der Luftraum „für jeden" frei sein?

Den Drang, Waffen zu entwerfen, neue, dem Gegner überlegene Waffen zu besitzen, ist dem Menschen nicht so leicht abzugewöhnen. Trotz einer Friedenszeit, von der Nostradamus an anderer Stelle sagt, daß sie in dieser Form nie mehr wiederkehren wird, arbeiten Menschen an der Entwicklung neuer Waffen. Zum Ende des 21. Jahrhunderts erwähnt der Seher Kriegsgerät, welches Füße und Haare in Sekunden alt werden läßt. Ziel ist es vielleicht nicht zu töten, aber bewegungs- und kampfunfähig will man den Gegner machen.
Doch die Friedenszeit findet langsam ein Ende. Findige Köpfe haben einen Weg gefunden, wie das computergesteuerte Friedenssicherungssystem umgangen werden kann.

X. CENTURIE, VERS 87,
PROPHEZEIUNG FÜR DAS JAHR 2087:
Großer König wird kommen — nimmt die Grenze nahe bei Nizza
Das große Reich des Todes wird in dieser Zeit sein
Ins Gegenteil wird sich der Traum Nizzas kehren
Über dem Meer alles pulverisiert wird — alle lebendige Spreu

Krieg und Frieden

Seit 2065 verläuft die Grenze zwischen dem mohammedanischen Italien und der christlichen Welt bei Nizza. Nostradamus beschreibt den ersten Überfall, der zwar lokal begrenzt sein wird, der aber das Ende der Friedensperiode einläutet.

X. Centurie, Vers 92,
Prophezeiung für das Jahr 2092:
Zwei Kriege entstehen nach Eintritt des ionischen Stricks
Umsichtiges Volk wird sich Mühe geben
Bewegungslos ist der Herr der 1 000 Spiele — wie ein Baumstumpf

Aus dem Grenzkonflikt ist nun eine anhaltende Krise geworden. „Ionisch" wird von Nostradamus benutzt, wenn er Chemie meint. „Ionischer Strick" könnte eine neue chemische Verbindung, vielleicht eine wichtige Kette chemischer Formeln sein.
Es wird Menschen geben, die mit allen Mitteln eine Eskalation verhindern wollen. Aber der Computer, hier als „Herr der 1 000 Spiele" beschrieben, reagiert nicht, beziehungsweise kann nicht mehr reagieren. Nostradamus läßt offen, warum dies der Fall ist. Vielleicht ist es dem Computer nicht möglich, den „ionischen Strick" als Gefahr wahrzunehmen.

ANHANG

DIE 100 SCHLAGZEILEN IN DEN VERSEN FÜR DAS 21. JAHRHUNDERT

Bei den Schlagzeilen für das 21. Jahrhundert bediente sich Nostradamus einer sehr einfachen Verschlüsselungsmethode, daher sind vorab nicht viele Worte notwendig. Bekannt muß lediglich sein, welche Verse welchen Jahren richtig zuzuordnen sind (siehe Seite 28/29). Mit der Unterstützung eines auf das Französisch des 16. Jahrhunderts spezialisierten Wörterbuchs *(Larousse, Dictionnaire d'ancien Français, Moyen-âge et Renaissance)* ist sodann die Übertragung der französischen Verse ins Deutsche möglich.

Für die Deutung der Schlagzeile des Jahres gelten die folgenden zwei Hinweise des Nostradamus aus seinem „Buch der Anweisungen"[1]:

≈ Betrachte jeweils ein Jahrzehnt als Ganzes.
≈ Öffne nicht Deinen Mund, bevor Du nicht den Anfang und das Ende kennst.

Nostradamus empfiehlt somit, jeweils alle zehn Schlagzeilen eines Jahrzehnts zu betrachten, und er weist darauf hin, daß er jeweils den Anfang und das Ende einer Entwicklung in den Schlagzeilen beschrieben hat.

Für mich waren diese Schlagzeilen bisher nicht so interessant, weil ich mich von Anfang an mehr um die zweite Methode, das heißt um die Buchstabenkette, um die Zerlegung in Worte und Übersetzung gekümmert habe. Diese Vorgehensweise erbrachte von Anbeginn detaillierte Vorhersagen.

Von Interesse ist diese Methode des Verschlüsselns, derer sich Nostradamus bei den Schlagzeilen bediente, für diejenigen, die in alten Chroniken, Handschriften und anderen Schriftstücken versteckte Botschaften aufspüren wollen. Die Texte, in denen man nach verschlüsselten Mitteilungen sucht, dürfen selbstverständlich nur in der Originalsprache, also nicht übersetzt oder auf irgendeine Weise bearbeitet

---

[1] Ich habe den Text 1987 in meinem ersten Buch, *Nostradamus entschlüsselt*, veröffentlicht. Das Buch ist leider restlos vergriffen.

Die 100 Schlagzeilen

sein. Die Verse des Nostradamus für das 21. Jahrhundert sind nun natürlich bereits auf ihren versteckten Inhalt hin untersucht. Generell empfiehlt sich die folgende Vorgehensweise:

❧ Schreiben Sie den zu untersuchenden Text fein säuberlich untereinander.

❧ Überprüfen Sie die Kombination aus den ersten drei, vier, manchmal fünf Buchstaben jeder Zeile im Hinblick darauf, ob der erhaltene Text in Verbindung mit der als nächste folgenden Zeile einen Sinn ergibt.

❧ Stellen Sie fest, daß es immer die ersten drei Buchstaben sind, die gemeinsam einen Sinn ergeben, dann können Sie davon ausgehen, daß es im gesamten Text jeweils die ersten drei Buchstaben sind, die einen zusätzlichen Hinweis enthalten.

Nostradamus war ein Meister des Verschlüsselns, der die Technik perfekt beherrschte. Wie an dem folgenden Beispiel zu sehen sein wird, hat er in seinen Texten sogar noch zusätzliche Besonderheiten mit einem mathematischen Hintergrund eingebaut:

IX. CENTURIE, VERS 96, PROPHEZEIUNG FÜR DAS JAHR 1996:
Dans cite entrer exercit desniee
Duc entrera par persuasion
Aux foibles port esclam armee amenee
Metteront feu mort de sang effusion

Die Schlagzeile für das Jahr 1996 ergibt sich jeweils aus den ersten drei Buchstaben der vier Zeilen:

Dan	4 an	(In) vier Jahren
Duc	duc, tu C	der Herzog, getötet die 100
Aux	au X	bei der 10
Met	t(h)èm(e)	das Thema (ist)

Daraus ergibt sich die Schlagzeile: In vier Jahren (1996 + 4 = 2000) der Herzog bei der Zehn das Thema ist. Dies bedeutet, daß es im Jahre 2000 einen Mann geben wird, der die Schlagzeilen beherrscht.

Nostradamus hat nicht nur ein Dreibuchstabensystem am Anfang jeder Verszeile untergebracht, sondern auch noch ein Vierbuchstabensystem nach jeweils 15 Anschlägen. Miteinander verbunden treffen die vier mal vier Buchstaben ebenfalls eine Aussage:

113

Dans cite entr	erex ...	e rex	5 Könige
Du centre rapar	pers ...	pers	persisch
Au x foi bles	port ...	port	tragen
Met ter ont feu	mort ...	mort	der Tod

Daraus ergibt sich die Schlagzeile: Fünf persische Könige tragen den Tod. Dies bedeutet, daß sich im Jahr 2000 fünf Länder im Nahen Osten auf der Linie des Iran, also im fundamentalistischen Lager, befinden werden. Auf sie ist ein Konflikt zurückzuführen, der um die Jahrtausendwende ausbricht.

Nun also die 100 Schlagzeilen für das 21. Jahrhundert:

2000 BIS 2009

2000 Der Schlüssel durch Schlüssel
2001 Die Begeisterung hat Vorrang
2002 Schaut welche zehn Tore/Bögen
2003 Im A ein F, falsch die 100
2004 Unter sechzig sich A stellen wird
2005 Flache Wasserschiffe rasen
2006 Rasse, welche man getötet hat
2007 Im Recht die Hemisphäre der Lilie
2008 Indische Thesen zu viel Übles
2009 Dieses Furiose auf der Elf

2010 BIS 2019

2010 Satanische Bögen des Furiosen
2011 These des Eisens, des Salzes der Bestien
2012 Erhöht die Macht durch den Bogen
2013 Sonne durch Sonne, nein
2014 Urne ha! Der rasenden Kaba
2015 Vater des Kopfes des Lebens geboren
2016 Feigheit durch den König
2017 Proteste durch Schreie sein werden
2018 Der Krieg der Hölle macht dies
2019 Spiel der Insel des Grinds

2020 BIS 2029

2020 Alles wegen der Stiftung der Elf
2021 Durch Serben Gutes gemacht wird
2022 Kleines Städtchen in die Luft gestellt wird

Die 100 Schlagzeilen

2023 Stinkender Teil der Esel sich reinigen wird
2024 Die hundert Schritte durch Wissenschaft
2025 Ein kleines gutes Werk
2026 Die Länge von 200 Kolonnen
2027 Dem Leben ein Schlüssel „S"
2028 Sich zusammenfinden Barbaren
2029 Bestie dieser hundert Mützen

2030 BIS 2039

2030 Keine Lähmung im „R"
2031 Das spaltende Salz
2032 Das Gesetz ein Siamese haben wird
2033 Der Flucht Hilfstafel
2034 Ungewisses den Barbaren gemacht wird
2035 Zwei Höcker, wo keine Trockenlegung
2036 R ist ballistischer Teil
2037 Müde des Marschierens geworden
2038 Zum Gekräuselten das Gefäß, daß nach hinten ausschlägt
2039 Nahe das Jahr des Dienens

2040 BIS 2049

2040 Laien haben dies
2041 Im L kein zwei in fünf
2042 In der Luft der eiserne Kopfharnisch
2043 Beleidigung gemacht dem Stroh
2044 Durch das Geflecht die Botschaft kommt
2045 Übles Eisen geht zum König
2046 Serbisches Leben Fehler macht
2047 Vom Blauen falsches Gesetz
2048 Von zwei Arten rote Luft
2049 Serbischer Garten

2050 BIS 2059

2050 Üble Dekade — Name des Goldes
2051 Die serbische These gestoppt wird
2052 Zu 50 wird dort der Ort sein
2053 Letzte Bank der Galeere
2054 Geboren vom Kopf ohne Seele
2055 Der Sinn des bösen Schönen

Anhang

2056 Beim Bogen der Luft das Betreffende
2057 Die Zerstörung des betreffenden Schlags
2058 Getötet welch Mißtrauen
2059 Kopf Nizzas erscheint bei D

2060 BIS 2069

2060 Bauern großes Feuer
2061 Ausgelassenheit, wo der Umweg
2062 Nahe der Barriere Hallo
2063 Zitterinstrument Moral
2064 Verwundet, was heiß macht
2065 Haben wird man dort Eisen
2066 Die hundert Lilien, welch König
2067 Das T sein T ist neues Wort
2068 Den Fluß zwei verlassen
2069 Aufgetischt ist die Flucht

2070 BIS 2079

2070 Gelobt wird jedes Jahr
2071 Das Zuviel der Gesten
2072 Das Jahr des Führers wird vorübergegangen sein
2073 Die sehr süßen TD
2074 Beim Zurückrufen nicht dieses
2075 So zahlreich des Einen Köpfe
2076 Legalisierter Gebrauch ist der Fluß
2077 Dort alles sehr proklamiert
2078 Stoßen, Töten und wie
2079 Gemäß dem Trockenen gemacht

2080 BIS 2089

2080 Gewaltsames Schleudern durch Eisenkleid
2081 Hübsches des Jahres des Dreifachen
2082 Verbrecherische Trägheit
2083 Debüt des GQ-Lebens
2084 Langsamkeit der Wiedergeborenen
2085 Erhoben hat es sich durch gewaltsames Schleudern
2086 Wie angewachsen das Irdische
2087 Boden gefriert bei der Zehn zum Reibeisen

2088 Eiserner Fuß des verletzten Kopfes
2089 Das Tier der sieben Spiele im Jahr

2090 BIS 2099

2090 Szene stellt alles nach F
2091 Schlüssel zur 100 von einem, der lebt
2092 Von hübschen Menschen Verweigerung
2093 Die Kugel — Hoffnung danach
2094 Von N Gutes zu den Sechs
2095 In vier Jahren wird Parma Mund und Nase aufsperren
2096 In der Luft die These, die danach kommt
2097 Drei Themen pro Schlag
2098 Halle aller Schiffe
2099 Dort F gestellt wurde mehr und mehr

꧁꧂ *Anhang* ꧁꧂

DER FRANZÖSISCHE ORIGINALTEXT DER VERSE FÜR DAS 21. JAHRHUNDERT

Die französischen Verse des Nostradamus wurden von mir auf der Grundlage der authentischen Originalsprache bereits mehrfach veröffentlicht (siehe Bibliographie), jedoch noch nie als Buchstabenketten geschrieben, das heißt, die Zwischenräume und die Interpunktion fehlen und lassen andere Interpretationsmöglichkeiten zu.

Für die ersten zehn Verse wurden als Beispiel auch die ermittelten Codebuchstaben, welche die Versüberschrift ergeben, vorangestellt.

IX. CENTURIE, VERS 100, PROPHEZEIUNG FÜR DAS JAHR 2000:

Le gle par gles — Der Schlüssel durch Schlüssel

Leg	randEmpireseraparAngleterre
LeP	empotamdesansplusdetroiscens
Gra	ndescopiespasserparmeretterre
Les	Lusitainsnenserontpascontens

X. CENTURIE, VERS 1, PROPHEZEIUNG FÜR DAS JAHR 2001:

Elan es primad — Die Begeisterung hat Vorrang

Ale	nnemylennemyfoypromise
Nes	etiendralescaptifsretenus
Pri	nsprememortetleresteenchemise
Dam	nelerestepourestresoustenus

X. CENTURIE, VERS 2, PROPHEZEIUNG FÜR DAS JAHR 2002:

Voila g dix arc — Schaut, welche zehn Tore / Bögen

Voi	llegallerevoildenefcachera
Lag	randeclasseviendrasortirlamoindre
Dix	navesprochesletourerontpousser
Gra	ndevaincueuniesasoyioindre

X. CENTURIE, VERS 3, PROPHEZEIUNG FÜR DAS JAHR 2003:

En A un F Fau le C — Im A ein F, falsch die 100

Ena	prescinqtroupeaunemettrahors
Unf	uytifpourPenelonlaschera

꧁꧂ 118 ꧁꧂

Der französische Originaltext

Fau   xmurmurersecoursvenirparlors
Lec   heflesiegelorsabandonnera

X. CENTURIE, VERS 4, PROPHEZEIUNG FÜR DAS JAHR 2004:

Sus ses se pos A — Unter sechzig sich A stellen wird
Sus   laminuictconducteurdelarmee
Ses   auverasubitesvanouy
Sep   tansapreslafamenonblasmee
Aso   nretournediraoncouy

X. CENTURIE, VERS 5, PROPHEZEIUNG FÜR DAS JAHR 2005:

Bla nev r acqua — Flache Wasserschiffe rasen
Alb   ietCastresferontnouvelleligue
Neu   fArriensLibonetPortugues
Car   casTholoseconsumerontleurbrigue
Qua   ndchefneufmonstredeLauragues

X. CENTURIE, VERS 6, PROPHEZEIUNG FÜR DAS JAHR 2006:

Ras qu on a tues — Rasse, welche man getötet hat[2]
Sar   donNemanssihaultdesborderont
Quo   ncuideraDeucalionrenaistre
Dan   slecolosselapluspartfuyront
Ves   tasepulchrefeuestaintapparoistre

X. CENTURIE, VERS 7, PROPHEZEIUNG FÜR DAS JAHR 2007:

Legeal Lis hem — Im Recht die Hemisphäre der Lilie
Leg   randconflitquonappresteaNancy
Lae   mathiendiratoutiesoubmets
Lis   leBritanneparvinselensolcy
Hem   mideuxPhilongtempsnetiendraMets

X. CENTURIE, VERS 8, PROPHEZEIUNG FÜR DAS JAHR 2008:

Ind tes la mort — Indische[3] *Thesen zuviel Übles*[4]
Ind   exetpoulseparfonderalefront
DeS   enegalialeComteasonfilspropre

---

[2]   Vermutlich sind damit die Juden gemeint.
[3]   Notradamus geht davon aus, daß Columbus Westindien entdeckt hat.
[4]   Der Verstext könnte sich jedoch auch auf eine negative Entwicklung in Indien und im Fernen Osten beziehen.

LaM   yrnameeparplusieursdeprinfront
Tro   isdansseptioursblessesmors

X. CENTURIE, VERS 9, PROPHEZEIUNG FÜR DAS JAHR 2009:

Cette F sur onc — *Dieses Furiose auf der Elf*[5]
DeC   astillonfiguieresiourdebrune
Def   emmeinfamenaistrasouverainprince
Sur   nomdechaussesperhumeluyposthume
Onc   Roynefutsipireensaprovince

X. CENTURIE, VERS 10, PROPHEZEIUNG FÜR DAS JAHR 2010:

Sat Arc que en F — *Satanische Bögen*[6] *des Furiosen*
Tas   chedemeurdreenormesadulteres
Gra   ndennemydetoutlegenrehumain
Que   serapirequ ayeulsonclesneperes
Enf   erfeueausanguinetinhumain

X. CENTURIE, VERS 11, PROPHEZEIUNG FÜR DAS JAHR 2011:

These des Eisens, des Salzes der Bestien[7] [8]
Des   sousIoncheredudangereuxpassage
Fer   apasserlepostumesabande
Les   montsPyrenspasserhorssonbagage
DeP   arpignancouriraDucaTende

X. CENTURIE, VERS 12, PROPHEZEIUNG FÜR DAS JAHR 2012:

Erhöht[9] *die Macht durch den Bogen*[10]
Esl   euenPapedesleuseramocque
Sub   itsoudainesmeupromptettimide
Par   tropbondouxamourirprovoque
Cra   inteestaintelanuictdesamortguide

---

[5] Gemeint sind die 100 Staaten der Rest-UNO.
[6] Dies bezieht sich auf die Flugbahnen der Internkontinentalraketen.
[7] Zunächst steht ein konventioneller Krieg bevor.
[8] Zur Zeit ist noch unklar, was damit gemeint sein könnte. Möglicherweise besteht ein Zusammenhang mit Frankreich.
[9] „Erhöhen" bedeutet in der Sprache des Nostradamus häufig „an die Macht kommen".
[10] Weist auf eine Raketenflugbahn hin.

X. CENTURIE, VERS 13, PROPHEZEIUNG FÜR DAS JAHR 2013:

Sonne durch Sonne, nein[11]

Sou zlapasturedanimauxruminant
Par euxconduictsauventrehelbipolique
Sol datscachezlesarmesbruitmenant
Non loingtemptezdeciteAntipolique

X̄. CENTURIE, VERS 14, PROPHEZEIUNG FÜR DAS JAHR 2014:

Urne[12] ha![13] der rasenden Kaba[14]

Urn elVaucilesansconseildesoymesmes
Har dittimideparcrainteprinsvaincu
Acc ompagnedeplusieursputainsblesmes
Aba rcellonnneauxchartreuxconvaincu

X. CENTURIE, VERS 15, PROPHEZEIUNG FÜR DAS JAHR 2015:

Vater des Kopfes des Lebens[15] geboren

Per educvieuxdansetdesoifcharge
Aui ourextremefilsdesniantlesguiere
Ded anslepuisvifmortviendraplonge
Sen ataufillamortlongueetlegere

X. CENTURIE, VERS 16, PROPHEZEIUNG FÜR DAS JAHR 2016:

Feigheit durch den König

Heu reuxauregnedeFranceheureuxdevie
Ign orantsangmortfureuretrapine
Par nonflateursserasmisenenvie
Roy desrobetropdefoyeencuisine

---

[11] Typischer Ausdruck für die Emotionalität des Nostradamus. Gemeint ist etwa: „Ihr, die ihr lebt, o Gott!" Somit ist der Höhepunkt der Auseinandersetzungen, die auch Europa in Gefahr bringen, für das Jahr 2013 zu erwarten.

[12] Bedeutet soviel wie Tod, Grab, das Ende.

[13] Gefühlsbetonter Ausruf.

[14] Erstaunlich, daß Nostradamus 1550 schon vom Heiligtum des Islam, der Kaaba wußte. Ich schließe daraus, daß er entweder den Orient bereist hat oder aber mit einer Person befreundet war, die den Orient gut kannte.

[15] Geburtsjahr einer Person, die etwa 45 Jahre später die Grundlage für einen länger anhaltenden Frieden legen wird, oder eines bedeutenden universellen Esoterikers.

X. CENTURIE, VERS 17, PROPHEZEIUNG FÜR DAS JAHR 2017:
Proteste durch Schreie sein werden

LaR	oyneErgastevoyantsafilleblesme
Par	unregretdanslestomachenclos
Cry	slamentablesserontlorsdAngolesme
Eta	ugermainmariageforclos

X. CENTURIE, VERS 18, PROPHEZEIUNG FÜR DAS JAHR 2018:
Der Krieg der Hölle macht dies

Ler	angLorrainferaplaceaVendosme
Leh	autmisbasetlebasmishaut
Lef	ilsdeHamonseraesleudansRome
Etl	esdeuxgrandsserontmisendefaut

X. CENTURIE, VERS 19, PROPHEZEIUNG FÜR DAS JAHR 2019:
Spiel der Insel des Grinds

Iou	rqueseraparRoynesauluee
Lei	ourapreslesalutlapriere
Lec	omptefaitraisonetvalbuee
Par	avanthumbleoncquesnefutsifiere

X. CENTURIE, VERS 20, PROPHEZEIUNG FÜR DAS JAHR 2020:
Alles wegen der Stiftung der Elf

Tou	slesamysquauronttenuparty
Pou	rrudeenlettresmismortetsaccage
Bie	noubliezparfixegrandneanty
Onc	Romainpeuplenefuttantoutrage

X. CENTURIE, VERS 21, PROPHEZEIUNG FÜR DAS JAHR 2021:
Durch Serben Gutes gemacht wird

Par	ledespitduRoysoustenantmoindre
Ser	ameurdryluypresentantlesbagues
Lep	ereaufilsvoulantnoblessepoindre
Fai	tcommeaPerseiadisfeirentlesMagues

X. CENTURIE, VERS 22, PROPHEZEIUNG FÜR DAS JAHR 2022:
Kleines Städtchen in die Luft gestellt wird

Pou	rnevouloirconsentiraudivorce
Qui	puisapresseracognuindigne

| Ler | oydesIslesserachasseparforce |
| Mis | asonlieuquideroynaurasigne |

X. CENTURIE, VERS 23, PROPHEZEIUNG FÜR DAS JAHR 2023:

Stinkender Teil der Esel sich reinigen wird

Aup	eupleingratfaicteslesremonstrances
Par	lorslarmeesesaisiradAntibe
Dan	slarcMonechferontlesdoleances
Eta	Freiuslunlautreprendraribe

X. CENTURIE, VERS 24, PROPHEZEIUNG FÜR DAS JAHR 2024:

Die hundert Schritte durch Wissenschaft

Lac	aptifprinceauxItallesvaincu
Pas	seraGennesparmeriusquaMarseille
Par	grandeffortdesforenssurvaincu
Sau	fcoupdefeubarrilliqueurdabeille

X. CENTURIE, VERS 25, PROPHEZEIUNG FÜR DAS JAHR 2025:

Ein kleines gutes Werk

Par	NebroouvrirdeBrisannepassage
Bie	nesloignezelragofaramuestra
Dan	sPelligouxeseracommisloutrage
Del	agranddameassisesurlorchestra

X. CENTURIE, VERS 26, PROPHEZEIUNG FÜR DAS JAHR 2026:

Die Länge von 200 Kolonnen

Les	uccesseurvengerasonbeaufrere
Occ	uperregnesouzumbredevengeance
Occ	isostaclesonsangmortvitupere
Lon	gtempsBretaignetiendraaveclaFrance

X. CENTURIE, VERS 27, PROPHEZEIUNG FÜR DAS JAHR 2027:

Dem Leben ein Schlüssel „S"

Par	lecinquiesmeetungrandHercules
Vie	ndrontletempleouvrirdemainbellique
UnC	lementIuleetAscansrecules
Les	peeclefaigleneurentoncsigrandpicque

X. CENTURIE, VERS 28, PROPHEZEIUNG FÜR DAS JAHR 2028:

Sich zusammenfinden Barbaren

Sec   ondettiersquifontprimemusique
Ser   aparRoyenhonneursublimee
Par   grasseetmaigrepresquedemyeticque
Rap   ortdeVenusfaulxrendradeprimee

X. CENTURIE, VERS 29, PROPHEZEIUNG FÜR DAS JAHR 2029:

Bestie dieser hundert Mützen

DeP   Olmansoldanscavernecaprine
Cac   heetprinsextraithorsparlabarbe
Cap   tifmenecommebestemastine
Par   BegourdansameneepresdeTarbe

X. CENTURIE, VERS 30, PROPHEZEIUNG FÜR DAS JAHR 2030:

Keine Lähmung im „R"

Nep   veuetsangdusaintnouveauvenu
Par   lesurnomsoustientarcsetcouvert
Ser   ontchassezetmisamortchasseznu
Enr   ougeetnoirconvertirontleurvert

X. CENTURIE, VERS 31, PROPHEZEIUNG FÜR DAS JAHR 2031:

Das spaltende Salz

Les   ainctempirevienraenGermanie
Ism   aelitestrouverontlieuxouverts
Ane   svoudrontaussilaCarmanie
Les   soustenansdeterretouscouverts

X. CENTURIE, VERS 32, PROPHEZEIUNG FÜR DAS JAHR 2032:

Das Gesetz ein Siamese haben wird

Leg   randempirechacunandevoitestre
Uns   urlesautresleviendraobtenir
Mai   speudetempsserasonregneetestre
Deu   xansauxnavessepourrasoustenir

X. CENTURIE, VERS 33, PROPHEZEIUNG FÜR DAS JAHR 2033:

Der Flucht Hilfstafel

Laf   actioncruellearobbelongue
Vie   ndracachersouzlespointuspoignards

Sai   sirFlorenceleducetlieudiphlongue
Sad   escouverteparimmursetflangnards

X. CENTURIE, VERS 34, PROPHEZEIUNG FÜR DAS JAHR 2034:

Ungewisses den Barbaren gemacht wird

Gau   loisquempireparguerreoccupera
Par   sonbeaufreremineurseratrahy
Par   chevalrudevoltigeanttrainera
Duf   aitlefrerelongtempsserahay

X. CENTURIE, VERS 35, PROPHEZEIUNG FÜR DAS JAHR 2035:

Zwei Höcker, wo keine Trockenlegung

Pui   snayroyalflagranddardantlibide
Pou   rseiouyrdecousinegermanine
Hab   itdefemmeautempledArthemide
All   antMeurdryparincognuduMaine

X. CENTURIE, VERS 36, PROPHEZEIUNG FÜR DAS JAHR 2036:

R ist ballistischer Teil

Apr   esleRoydusoucqguerresparlant
Lis   leHarmotiqueletiendraamespris
Que   lquesansbonsrongeantunetpillant
Par   tyrannieaIIslechangeantpris

X. CENTURIE, VERS 37, PROPHEZEIUNG FÜR DAS JAHR 2037:

Müde des Marschierens geworden

Las   sembleegrandepresdulacdeBorget
Ser   alierontpresdeMontmelian
Mar   achansplusoutrepensifsferontproget
Cha   mbryMorianecombatsainctIulian

X. CENTURIE, VERS 38, PROPHEZEIUNG FÜR DAS JAHR 2038:

Zum Gekräuselten das Gefäß, das nach hinten ausschlägt

Amo   uralegrenonloingposelesiege
Aus   ainctbarbarserontlesgarnisons
Urs   insHadriepourGauloisferontplaige
Pou   rpeurrendusdelarmeeauxGrisons

Anhang

X. CENTVRIE, VERS 39, PROPHEZEIVNG FÜR DAS JAHR 2039:
Nahe das Jahr des Dienens

Pre   mierfilsvefeumalheureuxmariage
San   snulsefansdeuxIslesendiscord
Ava   ntdixhuictincompetanteage
Del   autrepresplusbasseralaccord

X. CENTVRIE, VERS 40, PROPHEZEIVNG FÜR DAS JAHR 2040:
Laien haben dies

Lei   eunenayauregneBritannique
Qua   uraleperemourantrecommande
Ice   luymortLonolEdonratopique
Eta   sonfilsleregnedemande

X. CENTVRIE, VERS 41, PROPHEZEIVNG FÜR DAS JAHR 2041:
Im L kein zwei in fünf

Enl   afrontieredeCaussadeetCharlus
Non   guieresloingdufonddelavallee
Dev   illeFranchemusiqueasondeluths
Env   ironnezcomboulsetgrandmittee

X. CENTVRIE, VERS 42, PROPHEZEIVNG FÜR DAS JAHR 2042:
In der Luft der eiserne Kopfharnisch

Ler   egnehumaindAngliquegeniture
Fer   asonregnepaixuniontenir
Cap   tiveguerredemydesaclosture
Lon   gtempslapaixleurferamaintenir

X. CENTVRIE, VERS 43, PROPHEZEIVNG FÜR DAS JAHR 2043:
Beleidigung gemacht dem Stroh

Let   ropbontempstropdebonteroyalle
Fai   tetdeffaispromptsubitnegligence
Leg   ierscroirafauxdespouseloyalle
Luy   misamortparsabenevolence

X. CENTVRIE, VERS 44, PROPHEZEIVNG FÜR DAS JAHR 2044:
Durch das Geflecht die Botschaft kommt

Par   lorsquunRoyseracontrelessiens
Nat   ifdeBloyesubiugueraLigures

Der französische Originaltext

Mam   melCordubeetlesDalmatiens
Des   septpuislombreaRoyestrennesetlesmures

X. CENTURIE, VERS 45, PROPHEZEIUNG FÜR DAS JAHR 2045:
Übles Eisen geht zum König
Lom   breduregnedeNavarrenonvray
Fer   alaviededesortillegitime
Lav   eupromisincertaindeCambray
Roy   Orleansdonramurlegitime

X. CENTURIE, VERS 46, PROPHEZEIUNG FÜR DAS JAHR 2046:
Serbisches Leben Fehler macht
Vie   sortmortdelorvilaineindigne
Ser   adeSaxenonnouveauelecteur
DeB   runsvicmandradarmoursigne
Fau   xlerendantaupeupleseducteur

X. CENTURIE, VERS 47, PROPHEZEIUNG FÜR DAS JAHR 2047:
Vom Blauen falsches Gesetz
DeB   ourzevillealaDameGuyrlande
Lon   mettrasusparlatrahisonfaicte
Leg   randPrelatdeLeonparFormande
Fau   xpellerinsetravisseursdeffaicte

X. CENTURIE, VERS 48, PROPHEZEIUNG FÜR DAS JAHR 2048:
Von zwei Arten rote Luft
Dup   lusprofonddelEspaigneenseigne
Sor   tantduboutetdesfinsdelEurope
Tro   ublespassantaupresdupontdeLaigne
Ser   adeffaicteparbandesagrandtroupe

X. CENTURIE, VERS 49, PROPHEZEIUNG FÜR DAS JAHR 2049:
Serbischer Garten
Iar   dindumondeaupresdeciteneufve
Dan   slechemindesmontagnescavees
Ser   asaisietplongedanslacuve
Bea   uvantparforceeauxsoulphreenvenimees

X. CENTURIE, VERS 50, PROPHEZEIUNG FÜR DAS JAHR 2050:

Üble Dekade — Name des Goldes

LaM euseauiourterredeLuxembourg
Dec ouvriraSaturneettroisenlurne
Mon taigneetpleinevilleciteetbourg
Lor raindelugetrahisonpargrandhurne

X. CENTURIE, VERS 51, PROPHEZEIUNG FÜR DAS JAHR 2051:

Die serbische These gestoppt wird

Des lieuxplusbasdupaysdeLorraine
Ser ontdesbassesAllemaignesunis
Par ceuxdusiegePicardsNormansduMaisne
Eta uxcantonsseserontreunis

X. CENTURIE, VERS 52, PROPHEZEIUNG FÜR DAS JAHR 2052:

Zu 50 wird dort der Ort sein

Aul ieuouLayeetSceldesemarient
Ser ontlesnopcesdelongtempsmaniees
Aul ieudAnversoulacrappecharient
Ieu nevieillesseconsorteintaminee

X. CENTURIE, VERS 53, PROPHEZEIUNG FÜR DAS JAHR 2053:

Letzte Bank der Galeere

Les troispelicesdeloingsentrebatron
Lap lusgrandmoindredemeureraalescoute
Leg randSelinnenserapluspatron
Len ommerafeupeltreblancheroutte

X. CENTURIE, VERS 54, PROPHEZEIUNG FÜR DAS JAHR 2054:

Geboren vom Kopf ohne Seele

Nee encemondeparconcubinefertive
Ade uxhaultmiseparlestristesnouvelles
Ent reennemisseraprinsecaptive
Ame neeeMalingsetBruxelles

X. CENTURIE, VERS 55, PROPHEZEIUNG FÜR DAS JAHR 2055:

Der Sinn des bösen Schönen

Les malheureusesnopcescelebreront
Eng randeioye maislafinmalheureuse

Mar	yetmerenoredesdaigneront
LeP	hibemortetnorepluspiteuse

X. CENTURIE, VERS 56, PROPHEZEIUNG FÜR DAS JAHR 2056:

Beim Bogen der Luft das Betreffende

Pre	latroyalsonbaissanttroptire
Gra	ndfluxdesangsortiraparsabouche
Ler	egneAnglicqueparregnerespire
Lon	gtempsmortvifsenTuniscommesouche

X. CENTURIE, VERS 57, PROPHEZEIUNG FÜR DAS JAHR 2057:

Die Zerstörung des betreffenden Schlags

Les	ublevenecognoistrasonsceptre
Les	enfansieunesdesplusgrandhonnira
Onc	quesnefutunplusordcruelestre
Pou	rleursespousesamortnoirbannira

X. CENTURIE, VERS 58, PROPHEZEIUNG FÜR DAS JAHR 2058:

Getötet welch Mißtrauen

Aut	empsdudueilquelefelinmonarque
Gue	rroyeraleieuneAemathien
Gau	lebranslerperecliterlabarque
Ten	terPhossensauPonantentretien

X. CENTURIE, VERS 59, PROPHEZEIUNG FÜR DAS JAHR 2059:

Kopf Nizzas erscheint bei D

Ded	ansLyonvingtcinqdunehalaine
Cin	qcitoyensGermainsBressansLatins
Par	dessousnobleconduirontlonguetraine
Etd	escouvertsparabboisdemastins

X. CENTURIE, VERS 60, PROPHEZEIUNG FÜR DAS JAHR 2060:

Bauern großes Feuer

Iep	leureNisseMannegoPizeGennes
Sav	onneSienneCapueModeneMalte
Led	essussangetglaiveparestrennes
Feu	tremblerterreeaumalheureusenolte

X. CENTURIE, VERS 61, PROPHEZEIUNG FÜR DAS JAHR 2061:

Ausgelassenheit, wo der Umweg

Bet taVienneEmorreSacarbance
Vou drontlivrerauxBarbaresPannone
Def euetsangencitedeBisance
Les coniurezdescouvertsparmatrone

X. CENTURIE, VERS 62, PROPHEZEIUNG FÜR DAS JAHR 2062:

Nahe der Barriere Hallo

Pre sdeSorbinpourassaillirOngrie
Lhe rautdeBrudeslesviendraavertir
Che fBisantinSallondeSclavonie
Alo yd Arabeslesviendraconvertir

X. CENTURIE, VERS 63, PROPHEZEIUNG FÜR DAS JAHR 2063:

Zitterinstrument Moral

Cyd ronRaguselaciteausainctHieron
Rev erdiralemedicantsecours
Mor tfilsdeRoyparmortdedeuxheron
Lar abeOngrieferontunmesmecours

X. CENTURIE, VERS 64, PROPHEZEIUNG FÜR DAS JAHR 2064:

Verwundet, was heiß macht

Ple ureMilanpleureLucquesFlorance
Que tongrandDucsurlecharmontera
Cha ngerlesiegepresdeVenisesadvance
Lor squeColonneaRomechangera

X. CENTURIE, VERS 65, PROPHEZEIUNG FÜR DAS JAHR 2065:

Haben wird man dort Eisen

Ova steRometaruynesapproche
Non detesmursdetonsangetsubstance
Las preparlettresferasihorriblecoche
Fer poinctumisatousiusquesaumanche

X. CENTURIE, VERS 66, PROPHEZEIUNG FÜR DAS JAHR 2066:

Die hundert Lilien, welch König

Lec hefdeLondresparregnelAmerich
Lis led Escossetempierapargelee

Roy RebaurontunsifauxAntechrist
Qui lesmettratrestousdanslameslee

X. CENTURIE, VERS 67, PROPHEZEIUNG FÜR DAS JAHR 2067:
Das T sein T ist neues Wort
Let remblementsifortaumoisdeMay
Sat urneCaperIupiterMercureaubœuf
Ven usaussiCancerMarsenNonnay
Tom beragreslelorsplusgrossequunœuf

X. CENTURIE, VERS 68, PROPHEZEIUNG FÜR DAS JAHR 2068:
Den Fluß zwei verlassen
Lar meedemerdevantcitetiendra
Pui spartirasansfairelongueallee
Cit oyensgrandeproyeenterreprendra
Ret ournerclassereprendregrandeemblee

X. CENTURIE, VERS 69, PROPHEZEIUNG FÜR DAS JAHR 2069:
Aufgetischt ist die Flucht
Lef erluysantdeneufvieuxesleve
Ser ontsigrandsparMidyAquilon
Des aseurpropregrandesalleleve
Fuy antmeurdryaubuissondAmbellon

X. CENTURIE, VERS 70, PROPHEZEIUNG FÜR DAS JAHR 2070:
Gelobt wird jedes Jahr
Loe ilparobiectferatelleexcroissance
Tan tetardentequetomberalaneige
Cha mparrouseviendraendecroissance
Que leprimatsuccomberaaRege

X. CENTURIE, VERS 71, PROPHEZEIUNG FÜR DAS JAHR 2071:
Das Zuviel der Gesten
Lat erreetl airgelerontsigrandeau
Lor squ onviendrapourIeudyvenerer
Ceq uiseraiamaisnefutsibeau
Des quatrepartsleviendronthonorer

Anhang

X. CENTURIE, VERS 72, PROPHEZEIVNG FÜR DAS JAHR 2072:
Das Jahr des Führers wird vorübergegangen sein
Lan   milneufcensnonanteneufseptmois
Duc   ielviendraungrandRoydeffrayeur
Res   usciterlegrandRoydAngolmois
Ava   ntapresMarsregnerparbonheur

X. CENTURIE, VERS 73, PROPHEZEIVNG FÜR DAS JAHR 2073:
Die sehr süßen TD
Let   empspresentavecqueslepasse
Ser   aiugepargrandIovialiste
Lem   ondetardluyseralasse
Etd   esloylparleclergeiuriste

X. CENTURIE, VERS 74, PROPHEZEIVNG FÜR DAS JAHR 2074:
Bei Zurückrufen nicht dieses
Aur   evoludugrandnombreseptiesme
App   aroistraautempsieuxdHecatombe
Non   esloignedugrandaagemilliesme
Que   lesentrezsortirontdeleurtombe

X. CENTURIE, VERS 75, PROPHEZEIVNG FÜR DAS JAHR 2075:
So zahlreich des Einen Köpfe
Tan   tattendunereviendraiamais
Ded   ansl EuropeenAsieapparoistra
Und   elaligueyssudugrandHermes
Ets   urtousRoysdesOrientscroistra

X. CENTURIE, VERS 76, PROPHEZEIVNG FÜR DAS JAHR 2076:
Legalisierter Gebrauch ist der Fluß
Leg   randSenatdiscerneralapompe
Alu   nqu apresseravaincuchassez
Ses   adheransserontasondetromps
Bie   nspubliezennemisdechassez

X. CENTURIE, VERS 77, PROPHEZEIVNG FÜR DAS JAHR 2077:
Dort alles sehr proklamiert
Tre   nteadheransdelordredesquirettes
Ban   nisleursbiensdonnezsesadversaires

Tou	sleursbienfaitsserontpourdemerites
Cla	sseespargiedelivrezauxCorsaires

X. CENTURIE, VERS 78, PROPHEZEIUNG FÜR DAS JAHR 2078:

Stoßen, töten und wie

Sub	iteioyeensubitetristesse
Ser	aaRomeauxgracesembrassees
Due	ilcrispleurslarmsangexcellentliesse
Con	trairesbandessurprinsesettroussees

X. CENTURIE, VERS 79, PROPHEZEIUNG FÜR DAS JAHR 2079:

Gemäß dem Trockenen gemacht

Les	vieuxcheminsseronttousembellis
Lon	passeraaMemphissomentrees
Seg	randMercuredHerculesfleurdelys
Fai	santtremblerterremeretcontrees

X. CENTURIE, VERS 80, PROPHEZEIUNG FÜR DAS JAHR 2080:

Gewaltsames Schleudern durch Eisenkleid

Aur	egnegranddugrandregneregnant
Par	forced armeslesgrandsportesdairain
Fer	aouvrirleRoyetDucioignant
Por	tdemolynefafonsourserain

X. CENTURIE, VERS 81, PROPHEZEIUNG FÜR DAS JAHR 2081:

Hübsches des Jahres des Dreifachen

Mis	tresortemplecitadinsHesperiques
Dan	siceluyretireensecretlieu
Let	empleouvrirlesliensfameliques
Rep	rensravisproyehoribleaumilieu

X. CENTURIE, VERS 82, PROPHEZEIUNG FÜR DAS JAHR 2082:

Verbrecherische Trägheit

Cri	spleurslarmesviendrontaveccouteaux
Sem	blantfuirdonrontdernierassault
Len	tourparquesplanterprofondsplateaux
Vif	srepoussezetmeurdrisdeprinsault

X. CENTURIE, VERS 83, PROPHEZEIUNG FÜR DAS JAHR 2083:

Debüt des GQ-Lebens

Deb ataillerneseradonnesigne
Dup arcserontcontraintsdesortirhors
DeG andl entourseracogneulensigne
Qui feramettredetouslessiensamorts

X. CENTURIE, VERS 84, PROPHEZEIUNG FÜR DAS JAHR 2084:

Langsamkeit der Wiedergeborenen

Len aturelleasihaultnonbas
Let ardretourferamariscontens
LeR ecloingneserasansdebats
Ene mployantetperdanttoutsontemps

X. CENTURIE, VERS 85, PROPHEZEIUNG FÜR DAS JAHR 2085:

Erhoben hat es sich durch gewaltsames Schleudern

Lev ieiltribunaupointdelatrehemide
Ser apresseecaptifnedelivrer
Lev ueilnonvueillemalparlanttimide
Par legitimeasesamislivrer

X. CENTURIE, VERS 86, PROPHEZEIUNG FÜR DAS JAHR 2086:

Wie angewachsen das Irdische

Com meungryphonviendraleRoydEurope
Acc ompagnedeceuxdAquilon
Der ougesetblancsconduiragrandtroupe
Eti rontcontreleRoydeBabylon

X. CENTURIE, VERS 87, PROPHEZEIUNG FÜR DAS JAHR 2087:

Boden gefriert bei der Zehn zum Reibeisen

Gra ndRoyviendraprendreportpresdeNisse
Leg randempiredelamortsienfera
Aux Antipollesposerasongenisse
Par merlaPilletoutesvanouyra

X. CENTURIE, VERS 88, PROPHEZEIUNG FÜR DAS JAHR 2088:

Eiserner Fuß des verletzten Kopfs

Pie dsetChevalalasecondeveille
Fer ontentreevastienttoutparlamer

Der französische Originaltext

Ded anslepoilentreradeMarseille
Ple urscrysetsangoncnultempssiamer

X. CENTURIE, VERS 89, PROPHEZEIUNG FÜR DAS JAHR 2089:

Das Tier der sieben Spiele im Jahr
Deb riqueenmarbreserontlesmursreduits
Sep tetcinquanteanneespacifiques
Ioy eauxhumainsrenouelaqueduict
San tegrandsfruictsioyeettempsmelifique

X. CENTURIE, VERS 90, PROPHEZEIUNG FÜR DAS JAHR 2090:

Szene stellt alles nach F
Cen tfoismourraletyraninhumain
Mis asonlieuscavantetdebonnaire
Tou tleSenatseradessoussamain
Fas cheseraparmalintemeraire

X. CENTURIE, VERS 91, PROPHEZEIUNG FÜR DAS JAHR 2091:

Schlüssel zur 100 von einem, der lebt
Cle rgeRomainlanmilsixcensetneuf
Auc hefdelanferaelection
Dun grisetnoirdelaCompagneyssu
Qui oncnefutsimaling

X. CENTURIE, VERS 92, PROPHEZEIUNG FÜR DAS JAHR 2092:

Von hübschen Menschen Verweigerung
Dev antleperelenfantseratue
Lep ereapresentrecordesdeionc
Gen evoispeupleseraesvertue
Gis antlechefaumilieucommeuntronc

X. CENTURIE, VERS 93, PROPHEZEIUNG FÜR DAS JAHR 2093:

Die Kugel — Hoffnung danach
Lab arqueneufverecevralesvoyages
Lae tauprestransferontlEmpire
Bea ucaireArlesretiendrontleshostages
Pre sdeuxcolonnestrouveesdePorphire

X. CENTURIE, VERS 94, PROPHEZEIUNG FÜR DAS JAHR 2094:

Von N Gutes zu den Sechs

DeN   ismesdArlesetViennecontemner
Nob   eytoutaledictdHespericque
Aux   labouriezpourlegrandcondamner
Six   eschappezenhabitseraphicque

X. CENTURIE, VERS 95, PROPHEZEIUNG FÜR DAS JAHR 2095:

In vier Jahren wird Parma Mund und Nase aufsperren

Dan   slesEspaignesviendraRoytrespuissant
Par   meretterresubiuguantorMidy
Cem   alferarabaissantlecroissant
Bai   sserlesaislesaceuxduVendredy

X. CENTURIE, VERS 96, PROPHEZEIUNG FÜR DAS JAHR 2096:

In der Luft die These, die danach kommt

Rel   igondunomdemersvaincra
Con   trelasectefilsAdaluncatif
Sec   teobstineedeploreecraindra
Des   deuxblessezparAlephetAleph

X. CENTURIE, VERS 97, PROPHEZEIUNG FÜR DAS JAHR 2097:

Drei Themen pro Schlag

Tri   remespleinestoutaagecaptifs
Tem   psbonamalledouxpouramertume
Pro   yeaBarbarestroptrostseronthastifs
Cup   idedevoirplaindreauventlaplume

X. CENTURIE, VERS 98, PROPHEZEIUNG FÜR DAS JAHR 2098:

Halle aller Schiffe

Las   plendeurclaireapucellejoyeuse
Nel   uyrapluslongtempsserasanssel
Ave   cmarchansruffiensloupsodieuse
Tou   speslemeslemonstreuniversel

Der französische Originaltext

X. CENTURIE, VERS 99, PROPHEZEIUNG FÜR DAS JAHR 2099:

Dort F gestellt wurde mehr und mehr

Laf inlelouplelyonboeufetlasne
Tim idedamaserontavecmastins
Plu snecherraaeuxladoucemanne
Plu svigilanceetcustodeauxmastins

Anhang

DIE DEUTSCHE ÜBERSETZUNG DER VERSE FÜR DAS 21. JAHRHUNDERT

IX. CENTURIE, VERS 100, PROPHEZEIUNG FÜR DAS JAHR 2000:
Die große Herrschaft wird durch das Engelland errichtet
Dem zweifach ungeschickten Geist für mehr als 300 Jahre
Große Serienfahrzeuge fahren über das Meer und das Land
Die mit klarem Verstand werden darüber nicht glücklich sein

X. CENTURIE, VERS 1, PROPHEZEIUNG FÜR DAS JAHR 2001:
Den Feinden die Feinde den Glauben versprechen
Nicht werden sich halten Protestdemonstrationen der wieder in die Gefangenschaft Geführten
Der Prinz ist als erster tot, der Rest im Hemd
Verdammt der Rest, um im Gleichgewicht zu sein

X. CENTURIE, VERS 2, PROPHEZEIUNG FÜR DAS JAHR 2002:
Getarnte Galeeren segeln, um vom Neuen zu kaufen
Die von hohem Rang werden sich von den Minderen trennen
Zehn Schiffe nähern sich dem Abstoßpunkt
Viele Besiegte vereinigen sich zu einem eigenen Zusammenschluß

X. CENTURIE, VERS 3, PROPHEZEIUNG FÜR DAS JAHR 2003:
Weil man danach nicht fünf Stützpunkte außerhalb stellt
Ein Feuer dort man wird kaufen
Bei Zehn Murren — Hilfe kommt von den Goldenen
Speichelleckerei vor dem Stuhl — die Goldenen werden verlassen sein

X. CENTURIE, VERS 4, PROPHEZEIUNG FÜR DAS JAHR 2004:
Hoch zur Mitternacht der Armeeführer
Wird sich retten — plötzlich ist er auserwählt bei I
Sieben Jahre danach — die Seele wird nicht verflucht
Bei seiner Rückkehr man wird sagen — I Unze, wo 10

Die deutsche Übersetzung

X. CENTURIE, VERS 5, PROPHEZEIUNG FÜR DAS JAHR 2005:
Zu Füßen von hundert Sternen wird es eine neue Vereinigung geben
Neues Dürre — nichts Gutes für ihn — Grenze der Art
Wenn die höllischen Kasten unter dem Meer zusammen sind, vollendet sich ihr
Preis brennend
Wenn beim Herrn der Neun — das Monster sich wütend wäscht

X. CENTURIE, VERS 6, PROPHEZEIUNG FÜR DAS JAHR 2006:
Sarazenen geben sich 1 000 Jahre — so hoch wie die unbegrenzte Luft
Wenn die Zeit des Brennens kommt — zwei zum Löwen wiedergeboren
In vier Jahren der Riese die meisten zur Flucht bringt
Fünf ist eins — Grabstätte des Feuers im Osten zum Vorschein kommt

X. CENTURIE, VERS 7, PROPHEZEIUNG FÜR DAS JAHR 2007:
Großer Streit, den man im alten Jahr vorbereitet
Das Ausgemergelte spricht zu allen — ich bin die Suppenspeise
Die Insel der Briten wird durch salzigen Wein gereizt
Im Halbkreis gesetzt zwei Fäden — 11 Zeiten halten nicht Mahlzeiten

X. CENTURIE, VERS 8, PROPHEZEIUNG FÜR DAS JAHR 2008:
Indien bei 10 und Kugeln schmelzen — Zeit der Luft
Vom Senat der Bitternis geht der Graf zu seinem sauberen Sohn
Der Myrrhen nicht beseelt durch die meisten der auserwählten Stimmen
Vier Könige in sieben Tagen tödlich verletzt

X. CENTURIE, VERS 9, PROPHEZEIUNG FÜR DAS JAHR 2009:
Für 100 Sterne, die man darstellt — Tage der Reifung
Von der durchtriebenen Frau werden zwei selbständige Prinzen geboren
Im Namen der Sachen, die man erahnt — werden nachträglich Gesetze gemacht
Elf Könige werden es nicht machen viel schlimmer in ihren Provinzen

X. CENTURIE, VERS 10, PROPHEZEIUNG FÜR DAS JAHR 2010:
Vier gekaufte Mörder — ungeheurer Krieg entsteht
Großer Feind des ganzen menschlichen Geschlechts
Er wird sein schlimmer als derjenige der Großväter — elf sie gebären zwei Kriege
Mit Eisen, Feuer, Wasser — blutig und unmenschlich

X. Centurie, Vers 11, Prophezeiung für das Jahr 2011:
Unter der ionischen Küche – die gefährliche Vorbeifahrt
Wird sein vorübergehend der Nachgeborenen Last
In den Bergen das Schlimmste geht vorüber ohne Belastung
Vom Bärtigen nicht beachtet – im Regierungssitz lacht der Herzog über die
Falle

X. Centurie, Vers 12, Prophezeiung für das Jahr 2012:
Erhöht das Papsttum – erniedrigt wird sein die Moschee
Plötzlich Soutanen im Aufruhr – schnell und schüchtern
Durch zu viel Gutes – das Süße zum Sterben herausfordert
Die Furcht ihn in der Nacht seines Todes verläßt

X. Centurie, Vers 13, Prophezeiung für das Jahr 2013:
Unter den Niederen – Not der wiederkäuenden Tiere
Erscheint die 10 – geführt zum Sieg im Wind der zweipoligen Liga
Versteckte Soldaten lenken die dröhnenden Waffen
Nicht fern die Zeit der Erprobung der gegenpoligen Stadt

X. Centurie, Vers 14, Prophezeiung für das Jahr 2014:
Urne des Kalbes – wenn die Jahre der Ratschläge für die sich selbst aufgebend
da sind
Spricht die Herde schüchtern – aus Furcht vor dem siegreichen Prinzen
Begleitet werden die meisten von Schwestern erbleichter Eiterpusteln
Zum Teil man hat sie nicht zu Einsiedlerinnen gemacht

X. Centurie, Vers 15, Prophezeiung für das Jahr 2015:
Zwei Krieg werden vom alten Führer in vier Jahren geführt und vom Durst
beladen
Am außerordentlichen Tag – der Sohn verleugnet die Sucher
Inmitten der Macht des Lebens – der Tod wird kommen – rauh und lang bei
der Elf
Der Senat auf der Insel stirbt – lange und leicht

X. Centurie, Vers 16, Prophezeiung für das Jahr 2016:
Glücklich Frankreich zu regieren – glücklich zu leben
Unbekannt Blut Tod Furioses und Verbrechen
Keiner Blähung ausgesetzt wird sein das Leben
Der König ist entkleidet – viele im Glauben sich in der Folge einweihen

Die deutsche Übersetzung

X. CENTURIE, VERS 17, PROPHEZEIUNG FÜR DAS JAHR 2017:
Die Königin wird erwählt — die Sterne sehen ihre Insel verletzt
Durch ein Bedauern im Osten — Schaden eingezäunt
Wehklagende Schreie werden infolgedessen die Engel erzürnt haben
Und in Deutschland — Hochzeit ist ausgesetzt

X. CENTURIE, VERS 18, PROPHEZEIUNG FÜR DAS JAHR 2018:
Die Luft die goldenen Engel — Zeit des Verkaufs der Plätze
Das Hohe wird tief stürzen und das Niedere wird erhöht
Der Sohn der Woge des Blutes wird in Rom erwählt
Und die zwei Großen werden den Mißstand herbeigeführt haben

X. CENTURIE, VERS 19, PROPHEZEIUNG FÜR DAS JAHR 2019:
Der Tag wird durch den König nicht begrüßt werden
Am Tage danach — der Gruß wird das Gebet sein
Die Abrechnung macht den Verstand weiß
Scheuklappen der demütigen Elf — welche nicht gemacht haben solch einen Krieg

X. CENTURIE, VERS 20, PROPHEZEIUNG FÜR DAS JAHR 2020:
Alle die Freunde, welche die Partei gehalten haben
Wegen der Rauheit in Verträgen waren — sind dem Tod und der Plünderung preisgegeben
Wohl vergessend, sich wegen des großen Nichts festzulegen
Elf römische Völker nichts als Beleidigungen machen

X. CENTURIE, VERS 21, PROPHEZEIUNG FÜR DAS JAHR 2021:
Durch den Despotismus wird die Minderheit gestützt
Die Ermordung wird vorgeführt zu Ostern
Wegen der zwei Kriege auf den Inseln — fliegende Adelige zum Vorschein kommen
Hilfe wie einstmals in Persien — gemacht werden die gleichen Fehler

X. CENTURIE, VERS 22, PROPHEZEIUNG FÜR DAS JAHR 2022:
Um nicht die Übereinstimmung zu bekommen — man redet von Scheidung
Welche Macht soll gleichgestellt sein — Entrüstung
Der König der Inseln wird mit allen Kräften gejagt werden
In Verbannung geschickt — die vom König nicht unterschrieben ist

X. CENTURIE, VERS 23, PROPHEZEIUNG FÜR DAS JAHR 2023:
Dem Volk zeigen sich unangenehme Tatsachen — sie wieder zeigen Ranziges
Dadurch die Armee besetzt Zusammengeschrumpftes
Im Tor des Geldes sie führen Wehklagen
Und um das Recht wiederzubekommen — einer nach dem anderen in hitzige Wut
gerät

X. CENTURIE, VERS 24, PROPHEZEIUNG FÜR DAS JAHR 2024:
Der gefangene Prinz wird bei der 10 siegreich sein
Vorüber geht die Zeit der Beengung durch das Meer bis nach Marseille
Durch große Anstrengungen der Goldenen für die Besiegten
Die Insel wohlbehalten übersteht den Schlag des Feuers durch die in der Luft
befestigten Inseln

X. CENTURIE, VERS 25, PROPHEZEIUNG FÜR DAS JAHR 2025:
Wenn du nicht für das Öffnen des Zerbrechlichen bist — überquere es nicht
Wohl dem, der sich fernhält diesem Anwerben für das östliche Geweih
Vier Jahre werden die Hautabschuppungen andauern wie auf den Inseln der
Tragödie
Die vier großen Seelen sitzen im Orchester

X. CENTURIE, VERS 26, PROPHEZEIUNG FÜR DAS JAHR 2026:
Der Erfolgreiche wird rachsüchtig sein auf die Haut seines Stiefbruders
Wenn er die Macht besitzt — höchster Grad der Rache
Getötet die Geisel — ihr Blut und Tod wird verdammt
Lange Zeit noch wird das Lamm zu Frankreich halten

X. CENTURIE, VERS 27, PROPHEZEIUNG FÜR DAS JAHR 2027:
Durch ein Fünftel und einen großen Gewaltigen
Wird der Tempel geöffnet werden mit kriegerischer Hand
Eins — 100 dem Lügenkerl und die Skandierer bekommen es
Der Hoffnung Schlüssel der Adler — dann nicht den großen Stachel haben
wird

X. CENTURIE, VERS 28, PROPHEZEIUNG FÜR DAS JAHR 2028:
Das Geheimnis kennt man — und drei gründen die erste Musik
Werden sein durch den König in Ehren unsterblich gemacht
Durch Fettes und Mageres bei der halben Ethik
Bericht von der Venus — Fehler bei der 10 bringt Niedergeschlagenheit zurück

Die deutsche Übersetzung

X. Centurie, Vers 29, Prophezeiung für das Jahr 2029:
Vom Pol für 1 000 Jahre die Sonne in die veränderliche Höhle gebracht
Versteckt und gefangen – nach außerhalb gezogen durch den Bart
Gefangen geführt wie Kranke die Masse der Eingeweihten
Der Hof des Bärtigen in Zuleitung nach den 4 Bäumen

X. Centurie, Vers 30, Prophezeiung für das Jahr 2030:
Nicht stinkend angezogen – Engel des heiligen Neuen kommt
Durch den Beinamen unterhält man das Tor, das entdeckt wurde
Wird sein gejagt – hingestellt zum Sterben – nackt gejagt
Aus Rotem und Schwarzem umgewandelt – ihr Grün

X. Centurie, Vers 31, Prophezeiung für das Jahr 2031:
Das heilige Reich wird kommen in Deutschland
Ismaeliten werden gefunden haben die Orte, wo es grün ist
Esel werden wollen auch dort handwerken
Die Unterstützungen der Erde alles öffnen

X. Centurie, Vers 32 Prophezeiung für das Jahr 2032:
Das große Reich jeden, der in der Pflicht steht, sehr prüft
Eines ist sauer, die anderen werden das Leben erlangen
Aber nur wenig Zeit für die gründliche Prüfung sein wird
Zwei Jahre auf Schiffen kann man standhalten

X. Centurie, Vers 33, Prophezeiung für das Jahr 2033:
Die chemische Tatsache ist grausam und mit langem Kleid
Wird kommen diese Teuerung an der Stelle, wo die Dolche gebraucht werden
Ergriffen wird die Woge des Gefrorenen von dem Ort des zweifachen
Aufbegehrens
Ihr Herabstieg geöffnet durch Grenzenloses und lange es nichts Natürliches
gibt

X. Centurie, Vers 34, Prophezeiung für das Jahr 2034:
Gallier, welche herrschen durch den Krieg der Besetzung
Durch den schönen Ton – arme Brüder werden verraten
Durch das derbe Pferd – Zeit der riesigen Gewölbe
Der Tatsachen wegen das Seltene lange Zeit wird eingezäunt sein

Anhang

X. Centurie, Vers 35, Prophezeiung für das Jahr 2035:
Dann der König ist gegangen zum Großen — von der Kunst ist er gierig geworden
Um sich zu vergnügen mit der leiblichen Base
Gewohnheit reißt mit — zur Zeit der Kunst des halben Gedankens —
Begriffsvorstellung
Zuvor getötet durch Fehlerhaftes der Hände

X. Centurie, Vers 36, Prophezeiung für das Jahr 2036:
Nachdem der besorgte König befürchtet — daß zuvor Kriege sprechen
Die Inseln bekanntgeben Methoden — damit man Seelen gefangenhalten kann
Einige Jahre Gutes vollendet sich — große Einheit und Plünderer
Durch Tyrannei auf der Insel wird der Wechsel herbeigeführt

X. Centurie, Vers 37, Prophezeiung für das Jahr 2037:
Die Versammlung der Großen nahe des Sees der Bürger
Sich versammeln nahe der süßen Lügen — 1 Jahr
Händler sehr aufgebracht — Denker Pläne machen werden
Werden warten 1 000 Vermögen — 1 Jahr Kampf des heiligen Julius

X. Centurie, Vers 38, Prophezeiung für das Jahr 2038:
Die fröhliche Liebe nicht lange besetzt den Stuhl
Die heiligen Angreifer werden haben geschmückte Töne
Verlaßt den Haß — ich um die Gallier klage
Aus Angst ergeben sie sich der Armee der grauen Töne

X. Centurie, Vers 39, Prophezeiung für das Jahr 2039:
Erste Insel — böse Witwe des glücklichen alten Ehemannes
Jahr Null — in zwei Jahren Inseln im Streit
Bevor 18 Unfähige alt werden
Von den anderen unterdrückt wird Zeit des Einvernehmens sein

X. Centurie, Vers 40, Prophezeiung für das Jahr 2040:
Der junge Einfältige erscheint, um Britannien 2 Jahre zu regieren
Wenn die zwei erscheint — stirbt der Krieg, bevor er sich empfiehlt
Derjenige stirbt — dem man dort das Öl geben wird, das zur Sache gehört
Und mit dem Ton sie nach dem Regierenden fragen

Die deutsche Übersetzung

X. CENTURIE, VERS 41, PROPHEZEIUNG FÜR DAS JAHR 2041:
In der Runde der Drei, die den Kopf gebrauchen
Nein, was für einen Krieg man getötet hat — Sterne
Zwei Inseln ranzig — die Hälfte gebraucht nichts als den Ton des Strahlens
Umgeben von Nasen wie Kugeln und großen Mützen

X. CENTURIE, VERS 42, PROPHEZEIUNG FÜR DAS JAHR 2042:
Der menschliche Herrscher der Engel — Liga gegen den harten Krieg bildet
Zeit der Regierung der Töne — Friede man vereinigt hält
Der Krieg ist gefangen zur Hälfte in ihren Klöstern
Lange Zeit der Friede ihr Zeitalter beherrscht

X. CENTURIE, VERS 43, PROPHEZEIUNG FÜR DAS JAHR 2043:
Die sehr gute Zeit sehr guter Königsherrschaft
Wohlbehagen — und Unbehagen durch plötzliche Fahrlässigkeit
Zurückgekehrt zur Oberflächlichkeit, wird man Fehler begehen
Das Licht wird dort abgeschafft durch ihre guten Flüge

X. CENTURIE, VERS 44, PROPHEZEIUNG FÜR DAS JAHR 2044:
Weil ein König gegen die Wissenschaft spricht
Der Geborene von den Zwei — Treue erfährt — Zeit der reichen Liga
Bergkuppe ist Herz der Röhre und der tropfsteinartigen Materie
Von sieben Mächten der Schatten für den König des Ostens und der Mauern
geboren

X. CENTURIE, VERS 45, PROPHEZEIUNG FÜR DAS JAHR 2045:
Der Schatten der Regierung der Schiffe — hinter ihr kein Wohlstand
Leber für das Leben von der widerrechtlichen Art
Die Witwe ist nahe — bereitgestellt, um den Krummbeinigen zu lieben
Goldener König — die Jahre werden ihm die rechtmäßige Mauer zurück-
geben

X. CENTURIE, VERS 46, PROPHEZEIUNG FÜR DAS JAHR 2046:
Leben — meinetwegen stirb am Reichtum des Goldes — Haus der Einweihung
ohne Würde
Wird sein in Sachsen kein neuer Kurfürst gewählt
Dem Braunen folgen 100 — werden kommen lassen die gezeichnete Liebe
Bei der 10 der Maueransatz kann den Führer verletzen

Anhang

X. CENTURIE, VERS 47, PROPHEZEIUNG FÜR DAS JAHR 2047:
Für die Stadt, die die Seelen schmückt
Dort man trifft Rasierte — gebrauchen einen Teil des Tones
Der große Prälat des Löwen verändert zuvor seine Gestalt
Bei der Zehn Seltenes und Entführer machen Fehler

X. CENTURIE, VERS 48, PROPHEZEIUNG FÜR DAS JAHR 2048:
Das Gründlichste die Spanier unterrichtet
Gewinnen die Spitze und die Enden von Europa
Verwirrung geht vorüber nahe der Brücke des Vulkanischen
Wird Tatsachen schaffen durch Zusammenschluß seiner Truppen

X. CENTURIE, VERS 49, PROPHEZEIUNG FÜR DAS JAHR 2049:
Der Garten der Welt — nahe der neuen Stadt — es brennt
Auf dem Weg der Lüge — scharf ist die Gruft
Wird sein gepfändet und abwärts gerichtet in den Keller
Stärke des Windes durch die Kraft des entzündeten Schwefels

X. CENTURIE, VERS 50, PROPHEZEIUNG FÜR DAS JAHR 2050:
Die Seelen benutzen den Tag — vier Irrtümer wegen des Luxus der Bürger
Wird aufgedeckt bei der eins — die Rasse der Kahlgeschorenen ist nicht davon
betroffen — drei in der Urne
Spitzer Berg und ebene Stadt ist dann Kopf der Bürger
Der Reichtum ausnutzt die Flut — Verrat des Tons durch die große 8. Urne

X. CENTURIE, VERS 51, PROPHEZEIUNG FÜR DAS JAHR 2051:
Von den Orten, die viel weniger vom Reichtum besitzen
Geht die Grundlage für die Vereinigung der Deutschen aus
Durch diejenigen vom Sitz an der Spitze — die schwarze Kunst wird für 1 000
Jahre ausgemerzt — 1 000 haben sich eingeweiht
Und für 10 mal 100 Jahre alles wird sich wieder vereinigt haben

X. CENTURIE, VERS 52, PROPHEZEIUNG FÜR DAS JAHR 2052:
Zu der Bodenhefe will man werfen Zellgewebe, damit es sich verheiratet
Es werden sein die Edelmütigen — die dieses für lange Zeit handhaben
werden
Am Ort des Afters — Irrtümer, wo die Kröte kutschiert
Spielt nicht — seid wachsam — wegen der Bequemlichkeit, die die indischen
Freunde lieben

X. Centurie, Vers 53, Prophezeiung für das Jahr 2053:

Die drei Glatzköpfigen — diejenigen, die sich lange gegenseitig geschlagen haben
Dort die geringste Angst — Zeit des Hörens
Das große Salz der Einweihung wird der Beschützer sein
Der Name des Zeitalters wird (beinhalten) eine schöne weiße Straße

X. Centurie, Vers 54, Prophezeiung für das Jahr 2054:

Geboren von dieser Welt — durch die aneinandergefügten Körper — göttliches
Geheimnis
Bei der zwei hochgestellt — durch sie traurige Neuigkeiten
Unter Feinden befindlich wird der Prinz gefangen sein
Und Liebenswürdiges wird zu Bösartigem und Rotem

X. Centurie, Vers 55, Prophezeiung für das Jahr 2055:

Die unglücklichen Knoten werden gefeiert werden
Darüber große Freude sein wird — aber das Ende ist unglücklich
Hochzeit mit dem schwarzen Meer wird ungnädig aufgenommen
Beide tot und das Schwarze ist sehr erbärmlich

X. Centurie, Vers 56, Prophezeiung für das Jahr 2056:

Durch den Priester der königliche Ton sinkt — zuvor zuviel gezogen
Große Flut von Engeln werden verlassen einen Teil seines Mundes
Die Regierung der Engelliga durch regieren Schätze sich einverleibt
Der Nagel der Zeit stirbt — lebt im Getötetsein — wie ein Baumstumpf

X. Centurie, Vers 57, Prophezeiung für das Jahr 2057:

Das unter dem sich Erhebenden befindliche — nicht umsetzbare — Zepter der
Töne
Wird den Wissenschaften Jahre des Spiels gebären — davon ganz große
Ehrungen
Diejenigen, welche sich machen eine bessere Art des Ballastes
Für ihre 5 Stöße — zum Sterben schwarze Fahnen erscheinen

X. Centurie, Vers 58, Prophezeiung für das Jahr 2058:

Es ist die Zeit der Tötung der Stadt wegen der Katze — 1 000 haben eine Arche
Krieg der Könige — Zeit des Spiels — nicht des Ausströmens
Gekreische gallischer Väter — 100 schichten das Schiff
Versuche in der Grube der Wissenschaft gelingen — Einvernehmen wird
erhalten

X. CENTURIE, VERS 59, PROPHEZEIUNG FÜR DAS JAHR 2059:
Für vier Jahre entsteht gefesselter Wind − der Kopf tötet, die nicht atmen
Fünf Staatsbürger der Luft − Hände drücken − dort Einweihung
Abreise unter edler Führung steht bevor − lange Schleppe
Und man entdeckt Grünes − Parabolisches der Masse − Zeit der Einweihung

X. CENTURIE, VERS 60, PROPHEZEIUNG FÜR DAS JAHR 2060:
Ich weine Nizza − 1 000 Jahre byzantinischer Handel entwickelt sich
Sein nein − keine Wissenschaft − dies ist der Gestank der Art und Weise des
Bösen
Das, was unter den Engeln ist und das Schwert der Faulheit, das entstanden ist
Hat die Erde erschüttert − unglückliches Wasser des Extrems

X. CENTURIE, VERS 61, PROPHEZEIUNG FÜR DAS JAHR 2061:
(Erste Zeile kann nicht übertragen werden)
Werden überlassen den Angreifern aus Ungarn der Vereinigung der Neun
Durch die Spitze − welche voll Leidenschaft ist
Die Töne des Schwurs werden entdeckt durch die ältere Dame

X. CENTURIE, VERS 62, PROPHEZEIUNG FÜR DAS JAHR 2062:
Nahe die Goldenen, um zweifach die Ungarn anzugreifen
Der Herold der Zimperlichen, die kommen werden zum Todesschuß
Bei Byzanz Empfangszimmer der Sklaverei
Zum Glauben der Araber sie werden übertreten

X. CENTURIE, VERS 63, PROPHEZEIUNG FÜR DAS JAHR 2063:
Sterne man verjüngt − dies ist die Stadt der heiligen Dreiheit
Wieder grün wird werden die Medizin − zuvor Hilfe
Tot die Inseln des Königs durch den Tod der zwei Helden
Die Araber den Ungarn eine übel zugerichtete Zukunft bereiten

X. CENTURIE, VERS 64, PROPHEZEIUNG FÜR DAS JAHR 2064:
Weine 1 000 Jahre − weine Mailand − Licht über die Verdienste deiner
Vorfahren
Wenn dein großer Herzog auf den Wagen steigen wird
Wechselt der Sitz nahe Venedigs − von außen kommt etwas dazu
Dann, wenn die Kolonne sich Rom zuwendet

Die deutsche Übersetzung

X. Centurie, Vers 65, Prophezeiung für das Jahr 2065:
O mächtiges Rom − dein Untergang nähert sich dir
Nichts von deinen Mauern − von deinem Blut − von deiner Substanz bleibt
Überdrüssig der Vorbereitung − Verträge − Zeit, in der Schreckliches geschehen wird
Scharfe spitze Eisen der Luft werden gegen alles gerichtet, bis nichts mehr da ist

X. Centurie, Vers 66, Prophezeiung für das Jahr 2066:
Der Herr von London − eingesetzt durch die Regierung der reichen Seelen Amerikas
Über die Insel, die sich mit den Hörnern stößt, herrscht − das Zeitalter ist durch Gefrieren geprägt
Der König der Wiedertäufer einen großen Fehler gegenüber dem Antichristen macht
Dadurch, daß sie alles in die aussätzigen Seelen investieren werden

X. Centurie, Vers 67, Prophezeiung für das Jahr 2067:
Die Erschütterungen werden sehr stark im Monat Mai sein
Saturn im Krebs, Jupiter, Merkur im Stier
Venus auch im Krebs, Mars ihm fehlt
Werden niederfallen Graupel, welche größer als ein Hühnerei sein werden

X. Centurie, Vers 68, Prophezeiung für das Jahr 2068:
Die Waffe wird sein das Meer − vorher die Stadt wird gehalten
Dann Abfahrt ohne Luft − langes Gehen
Die Einwohner großen Raub begehen, indem sie die Erde nehmen werden
Zurückgekehrt − 100 werden zurückgelassen − Großes auf Anhieb

X. Centurie, Vers 69, Prophezeiung für das Jahr 2069:
Beginn der Tatsache des neuen Mondes − Altes erwacht
Wird sehr groß werden durch den Süden − Aquilon
Von seiner Schwester beginnt sich Eigenständiges aufzubauen
Flüchtige Mörder an der Macht des Tons der schönen Frau

X. Centurie, Vers 70, Prophezeiung für das Jahr 2070:
Das Öl, das aus dem Gegenstand kommt, wird solche Ausmaße erreichen
So sehr und so brennend, daß es zum Grab der Zeit des Schnees wird
Auf dem Kiesfeld gebraucht man es − davon wird kommen die Abnahme
Wenn der Primas unterliegt − kommt die Zeit der Landvermessung

X. Centurie, Vers 71, Prophezeiung für das Jahr 2071:
Die Erde und die Luft werden gefroren sein — auch das große Wasser
Weil man beginnen wird, den göttlichen Krieg zu spielen
Diejenigen, welche mit keiner schönen Haut geboren werden
Werden zu vier Teilen kommen, ihm (dem Krieg) die Ehre zu erweisen

X. Centurie, Vers 72, Prophezeiung für das Jahr 2072:
Das Jahr/Im Jahr 1000 des neuen Jahrhunderts nicht vor neun sieben Monaten
Am Himmel wird ein großer König des Schreckens erscheinen
Wieder auferweckt wird der große König der Engel aus purem Gold
15 vorher 1 danach 1000 Sterne regieren für eine Weile

X. Centurie, Vers 73, Prophezeiung für das Jahr 2073:
Die Zeit zeigt für 500 Jahre, daß, was vorübergegangen ist
Sie wird gerichtet werden durch den großen idealistischen Spieler
Später wird die Welt seiner überdrüssig werden
Und ihm untreu werden durch die Geistlichkeit, die ihm geschworen hat

X. Centurie, Vers 74, Prophezeiung für das Jahr 2074:
Auf dem Rückflug wird dort eine große Zahl an vergiftetem Blut sterben
Zu dieser Zeit kommt der König der Sterne empor — Spiele des Blutbads
Keine Verlängerung des großen 1000jährigen Zeitalters
Wenn sie eintreten, haben sie ihre Gräber verlassen

X. Centurie, Vers 75, Prophezeiung für das Jahr 2075:
So sehr man es erwartet — es wird nicht zurückkehren jemals
In vier Jahren in Europa und Asien wird hervortreten
Einer der Vereinigung als Engel des großen Hermes
Und alle Könige des Orients werden (an ihn) glauben

X. Centurie, Vers 76, Prophezeiung für das Jahr 2076:
Der große Senat der Unterschiedslosigkeit aller wird großen Pomp entwickeln
Einer, der danach siegen wird — wird gejagt
Seine Anhänger werden den Ton der Täuschung benutzen
Gut veröffentlicht — Feinde stellen die Verfolgung ein

X. Centurie, Vers 77, Prophezeiung für das Jahr 2077:
Dreißig Anhänger den Befehl desjenigen erhalten, der berühmt ist
Bekanntmachungen ihnen Gutes ihrer Gegner geben werden

Die deutsche Übersetzung

Alle ihre Wohltaten werden verspielt werden
Eine Abteilung der Spanischen befreit wird — durch die Mächtigen der Luft

X. Centurie, Vers 78, Prophezeiung für das Jahr 2078:
Plötzliche Freude in plötzlicher Trauer
Wird sein als Wohlgeruch der Gnade umarmt
Großes Leid läßt ihre Waffen zusammenschrumpfen
Gerichtet gegen die Vereinigung — aus der Luft Überrumpelungen und Zähmung

X. Centurie, Vers 79, Prophezeiung für das Jahr 2079:
Die alten Wege werden alle verschönert werden
Man verläßt sie — Zeit der gleichen Physik im Osten kommt
Das große Meer wird durch den Gewaltigen von den Blumen der Unordnung geheilt
Vorher wird es Erschütterungen der Luft, der Erde des Meeres und ihrer Gegensätze geben

X. Centurie, Vers 80, Prophezeiung für das Jahr 2080:
Um zu regieren der Schwarze zuvor die große regierende Regierung absetzt
Durch die Macht der Waffen werden die großen Ländergrenzen bestimmt
Zeit der geöffneten Luft und der Herzog freut sich
Zerstörung trägt das Neue der Töne — Tag des Dummkopfs

X. Centurie, Vers 81, Prophezeiung für das Jahr 2081:
Der Schatz wird in den Tempel der Bewohner Spaniens gelegt
Vier Jahre dasjenige zurückgezogen am geheimen Ort ist
Der Tempel öffnet sich den Orten der Seelenvereinigung
Wiedererlangt erfreuen sich zwei Könige des Wassers an 1000 Orten

X. Centurie, Vers 82, Prophezeiung für das Jahr 2082:
Zusammenschrumpfen ihrer Waffen mit Unkosten wird bei 10 kommen
Scheinen vorher davor zu fliehen — danach Angriff
Das ringsherum Eingepferchte — Angepflanzte — Gründliche auf der Hochebene
Das Leben wieder ihn anstößt und getötet lacht es aus voller Höhe

X. Centurie, Vers 83, Prophezeiung für das Jahr 2083:
Kampflos wird der Thron nicht gegeben werden
Teilweise wird sein Zusammengezogenes gezwungen, nach außen zu gehen

Vom ausgezogenen Handschuh wird eingehämmert werden der Unterricht
Was für eine Zeit steht bevor, in der alle die Wissenschaften verboten werden

X. Centurie, Vers 84, Prophezeiung für das Jahr 2084:
Die Natur wird sehr erhöht — Hohes wird nicht gestürzt
Die vier Künste kehren zurück — es kommt die Zeit, wo sie zufrieden sich
vereinigen
Der Krieg lange Zeit nicht mehr sein wird — er wird abgesattelt sein
Indem das Gesetzt herrscht und vergessen ist alles der vergangenen Zeit

X. Centurie, Vers 85, Prophezeiung für das Jahr 2085:
Der alte Tribun am Punkt der drei Halbkreise
Wird unterdrückt werden — gefangen und nicht in Freiheit gesetzt
Der Alte wird nicht wollen — das Böse wird schüchtern sprechen
Durch Rechtskräftiges seiner Freunde — ausgeliefert

X. Centurie, Vers 86, Prophezeiung für das Jahr 2086:
Wie ein Geier wird kommen der König Europas
Begleitet von demjenigen von Aquilon — den ersten, den man schon hat
Von den Roten und Weißen werden geführt große Truppen
Fünf werden durch die Luft gezogen sein — dort gegen die päpstliche Säule

X. Centurie, Vers 87, Prophezeiung für das Jahr 2087:
Großer König wird kommen — nimmt die Grenze nahe bei Nizza
Das große Reich des Todes wird in dieser Zeit sein
Ins Gegenteil wird sich der Traum Nizzas kehren
Über dem Meer alles pulverisiert wird — alle lebendige Spreu

X. Centurie, Vers 88, Prophezeiung für das Jahr 2088:
Die Füße und die Haare in der Sekunde alt werden
Man wird sich ausgedehnten Zutritt verschaffen — alles über dem Meer
In vier Jahren das Fell kommt — Zeit des Losmachens der Rille
Weinen, Knirschen, Blut für 11 Jahre — eine sehr bittere Zeit

X. Centurie, Vers 89, Prophezeiung für das Jahr 2089:
Aus Ziegeln von Marmor werden die Mauern verkleinert sein
22 Jahre Frieden
Zur Freude der Menschen werden die Wasserleitungen wieder hergestellt
Gesundheit, gute Ernten, Freude und honigsüße Zeit

Die deutsche Übersetzung

X. CENTURIE, VERS 90, PROPHEZEIUNG FÜR DAS JAHR 2090:
Hundertmal sterben wird der unmenschliche Tyrann
An seinen Platz gestellt — versiegelt und gutmütig geworden
Der ganze Senat wird sein unter seiner Hand
Gekennzeichnet wird er sein durch Schlauheit und Waghalsigkeit

X. CENTURIE, VERS 91, PROPHEZEIUNG FÜR DAS JAHR 2091:
Römischer Klerus — im Jahr 1000 sechshundert und neun
Zum Chef der Esel wird er erwählt sein
Aus einem Grauen und Schwarzen der Gesellschaft hervorgegangen
Welcher elf nicht schlau gemacht hat

X. CENTURIE, VERS 92, PROPHEZEIUNG FÜR DAS JAHR 2092:
Zuvor die zwei Kriege das Kind töten werden
Zwei Kriege entstehen nach Eintritt des ionischen Stricks
Umsichtiges Volk wird sich Mühe geben
Bewegungslos ist der Herr der 1 000 Spiele — wie ein Baumstumpf

X. CENTURIE, VERS 93, PROPHEZEIUNG FÜR DAS JAHR 2093:
Das neue Schiff wird brennend seine Reise aufnehmen
Dort und in der Nähe wird das Reich umgestaltet werden
In das Fell 100 haben gebohrt — Rückgewinnung der Beherbergung
Nahe zweier Kolonien wird gefunden werden Zerriebenes

X. CENTURIE, VERS 94, PROPHEZEIUNG FÜR DAS JAHR 2094:
Versagen im Osten durch Unterlassung — nicht Lebensgefahr
Nicht gehorcht alles dem Diktat Spaniens
Bei der 10 Vollgestopftes — um die große Bedingung zu erfüllen
Sechs entkommen — in engelhafter Kleidung

X. CENTURIE, VERS 95, PROPHEZEIUNG FÜR DAS JAHR 2095:
In vier Jahren wird in Spanien ein sehr mächtiger König kommen
Plötzlich über dem Meer und der Erde Großes aus dem Süden
Das Übel verursacht eine Verringerung des Wachstums
Erniedrigt die Flügel an demjenigen des Windes

X. CENTURIE, VERS 96, PROPHEZEIUNG FÜR DAS JAHR 2096:
Religion mit dem Namen der siegreichen Mütter
Gegen die Sekte der Söhne — er belohnt vorteilhaft

Anhang

Sekte ist halsstarrig – sehr zu bedauern – werden sich fürchten
Schlag auf den Kopf hat sie verletzt – durch Aussatz – Aussatz

X. Centurie, Vers 97, Prophezeiung für das Jahr 2097:
Dreifach nachgemessen worden ist alles – das Alter gefangengenommen
Zeit wird gut zu schlecht – das Sanfte zum Beleidigenden
Zwei Könige als Angreifer waren zu hastig
Geldgierig vom Sehen – beklagenswert im Wind der Feder

X. Centurie, Vers 98, Prophezeiung für das Jahr 2098:
Der helle Lichtstrahlenglanz der fröhlichen Jungfrau
Wird sehr lange Zeit nicht leuchten
Mit abtrünnigen Händlern kommen gehässige Wölfe
Alle Messer verriegeln das Weltungetüm

X. Centurie, Vers 99, Prophezeiung für das Jahr 2099:
Das Ende des Wolfes, des Löwen, Stieres und Esels
Schüchterner Kopf der Menge in der Luft mit der Masse sich einweiht
Nichts mehr ist teuer – strahlend das Süße
Mehr Wachsamkeit und ein Altarvorhang für die Masseneinweihung

EIN BLICK JENSEITS DES JAHRES 2100

X. Centurie, Vers 100, Prophezeiung für das Jahr 2100:
Für lange Zeit wird im Weltraum das Geheimnis der Zeit des griechischen Feuers
zu sehen sein
Geschickt bereitet aus vier Ölen und vom dosierbaren Rohr dreifach zurückgekehrt
Gehalten die Morgendämmerung – hundert von einem grünen Unnützen zuvor
verzweigt werden
Sterben wird bald das Große und eingeweiht das, was irrt

I. Centurie, Vers 1, Prophezeiung für das Jahr 2101:
Osten verhilft zuvor vier zum Sieg – Geheimnisse erforscht man
Allein zurückgelassen dasjenige, was in der Raumfahrt ist, erforscht man
Die Lampe erlischt, weil sie das Bett der Sonne des Deutschen verläßt
Die Tatsache entwickelt sich, die nicht 100 ergibt – der König ist wieder nutzlos

I. Centurie, Vers 2, Prophezeiung für das Jahr 2102:
Hat man die reinigenden Herstellungsverfahren in der Hand, wird es in das
Wasser der tausend verzweigten Orte geleitet

Die deutsche Übersetzung

Von der Welle wird die Insel zerrieben — das Ufer genauso wie der Sockel
Eine Angst und der Glauben spricht von dem, was fehlt
Die Herrlichkeit Gottes — das Göttliche ist nahe, um sich niederzulassen

I. CENTURIE, VERS 3, PROPHEZEIUNG FÜR DAS JAHR 2103:
Wenn die Dreierliga alles beendet, wird die Stadt des Löwen weggeschüttet
Und sie werden sich Zutritt verschaffen mit ihren Lügen — das Wasser ist zehnfach versteckt
Die Öffentlichkeit wird durch das Neue geärgert
Dann Weißes und Rotes richten wird — die Raumfahrt wird haben das Universum

I. CENTURIE, VERS 4, PROPHEZEIUNG FÜR DAS JAHR 2104:
Durch das Universum wird ein Königreich errichtet
Welches den Frieden bringt, und das Leben benötigt für lange nicht mehr die Lüge
Infolgedessen das Ärgerliche des harten Schiffes sich verlieren wird
Die Verwaltung davon wird in sehr großen Nachteil geraten

I. CENTURIE, VERS 5, PROPHEZEIUNG FÜR DAS JAHR 2105:
Getrieben werden sie sein, um in der Raumfahrt einen langen Kampf zu führen
In den Ländern wird es einen sehr bedeutsamen Streik geben
Um des Geworfenen willen man wird die ganz große Debatte verlassen haben
Gerippe — das gute Schiff wird sein Herz erprobt haben

I. CENTURIE, VERS 6, PROPHEZEIUNG FÜR DAS JAHR 2106:
Wegen des Öls der Erde das Ärgernis wird sein auseinandergerissen
Wegen zu vieler Füße der Bequemlichkeit werden sie bankrott gehen
Der Osten wird den Druck ausgelöst haben
Den entgegengesetzen Weg als die Gallier geht er, wo die Raumfahrt ist

I. CENTURIE, VERS 7, PROPHEZEIUNG FÜR DAS JAHR 2107:
Spät kommt es zur Ausführung des göttlichen Willens
Die Kraft ist gegen die Raumfahrt gerichtet — Verträge werden dem Ofen übergeben
Die vierzehn Verschwörer der Feuersekte
Durch die Raumfahrt, wo das Geheimnis ist, heilt das Wasser diejenigen, die sich dazwischen befinden

Anhang

BIBLIOGRAPHIE

EINE AUSWAHL DEUTSCHSPRACHIGER LITERATUR

Kurt Allgeier, *Die Prophezeiungen des Nostradamus*, München 1988

N. Alexander Centurio, *Nostradamus — Prophetische Weltgeschichte*, Bietigheim 1977[9]

Manfred Dimde, *Nostradamus entschlüsselt*, Bergen 1987

ders., *Der Schock der galaktischen Schafe*, Olfen 1990 (Privatdruck)

ders., *Die Weissagungen des Nostradamus — Neu entschlüsselt*, München 1992[3]

Karl Drude, *Nostradamus*, Berlin 1968 (Privatdruck)

Entschlüsselte Zukunft — Gedeutete Vergangenheit, Eilenberg-Kraus, Langen 1981 (Privatdruck)

Max de Frontbrune, *Was Nostradamus wirklich sagte*, Wien 1981[2]

Eberhard Fuchs, *Nostradamus*, Rastatt 1987

Liz Greene, *Ich, Nostradamus, Magier und Prophet*, München 1983 (vermutlich vergriffen)

Bruno Noah, *Nostradamus — Prophetische Weltgeschichte von 1547 bis gegen 3000*, Berlin 1928

Carlo Patrian, *Nostradamus — Die Prophezeiungen*, Fribourg 1982

Rudolf Putzien, *Friede unter den Völkern — Die Weissagungen des Michael Nostradamus*, München 1968

Eduard Rösch, *Das Schicksalsbuch der Weltgeschichte*, Pfullingen 1922

A. Voldben, *Nostradamus und die großen Weissagungen*, Frankfurt/M.-Berlin 1991

Bruno Winkler, *Nostradamus und seine Prophezeiungen für das zwanzigste Jahrhundert*, Görlitz 1939

Christian Wöllner, *Das Mysterium des Nostradamus*, Leipzig 1926

FRANZÖSISCHE LITERATUR

Faksimile der Ausgabe Troyes 1611, *Les Prophéties de M. Michel Nostradamus*, Edition Bellisane, Nizza 1981 (mit authentischen Texten)

Elisabeth Belecour, *Nostradamus Trahi*, Paris 1981 (teilweise Faksimile der Ausgabe des Enkels von Nostradamus, Vincent de Seve)

Mireille Corvaja, *Les Prophéties de Nostradamus*, Paris 1977

Jean Charles de Fontbrune, *Nostradamus — Historien et Prophete*, Monaco 1982

Serge Hutin, *Les Prophéties des Nostradamus*, Paris 1981[3]

Christian Kert, *Nostradamus — Le mage de Salon*, Salon, ohne Jahresangabe

Jean-Quentin Laroche-Valmont, *Les Prophéties de Nostradamus*, Paris 1981

Edgar Leroy, Nostradamus — *Ses origines, Sa Vie, Son œuvre*, Bergerac 1982
Camille Rouyier, *Nostradamus et Les de Nostredame*, Marseille, ohne Jahresangabe

ENGLISCHSPRACHIGE LITERATUR
Erika Cheetham, *The Man Who Saw Tomorrow*, New York 1987[18]
dies., *The Further Prophecies Of Nostradamus*, New York 1985[11]
David Pitt Francis, *Nostradamus — Prophecies of Present Times?*, Wellingborough 1986[2]
Edgar Leoni, *Nostradamus and His Prophecies*, New York 1982
Lee McCann, *Nostradamus — The Man Who Saw Through Time*, New York 1986[8]
Stewart Robb, *Prophecies On World Events By Nostradamus*, New York 1961
Henry C. Roberts, *The Complete Prophecies of Nostradamus*, Oyster Bay 1981[46]

REGISTER

Afrika 69, 105
Ägypten 14
AIDS 49
Almanach 17, 24
Amerika 85, 87–88, 99–100
Antichrist 82
Asien 69, 84–85
Astrologie 14
Atomkernspaltung 64, 66
Atomkraftwerk 65–66
Attentate 101

Beförderungssysteme 44
Beweglichkeit
– die große 43–48
Bonhomme, Macée 22, 24
Buchstaben 31ff.
Buddhismus 58, 91

Chemie 111
China 47, 84, 95, 104
Computer 106, 108–109

da Vinci, Leonardo 60
Deutschland 12, 75–77, 96, 105
Dreierbund 95–96

Ebola-Virus 49
Elisabeth I. 23
Energiequelle 61–67
England 23, 78–81, 88, 93, 100, 102
Epidemien 49
Erbschäden 101
Erfindungen 60–75
Esel 90, 104
Europa 49, 52–53, 75–84, 87, 99, 102

Frankreich 23, 65, 72, 76–78, 93
Franz I. 78
Französische Revolution 11, 89
Frieden 99, 106–111
Friedensordnung 94

Ganglienzellen → Nervenzellen
Gehirn 50–51
Genf 54, 87
Gesundheit 48, 76
Gleichheit 89–90
Golfkrieg 36
Grönland 79

Hakenkreuz 28
Hauterkrankungen 102
Heinrich II. 9–10, 17–18, 22, 26, 29
Heinrich VIII. 23, 88
Hermes 59
Hinduismus 91
Hitler 12, 28
Hungerkatastrophe 100
Hypophyse 51

Idealstaat 77
Indien 47, 84, 100
Ionischer Strick 111
Islam 82, 91, 96, 99, 102–103
Island 79
Italien 81–82, 102

Jahrtausendwende 42
Japan 84
Japaner 104

Kanada 88
Kapitalismus 91, 96
Karl IX. 18, 26
Katharer 21
Kelten 78
Kennedy, John F. 28
Kennedy, Robert 28
Klimaveränderungen 104–106
Königshaus
– englisches 79–81
Kolumbus 100
Kommunismus 55, 91
Kreuzritter 20

Register

Kreuzzug 22
Krieg 99–106
– globaler 99–102

Leben
– langes 48, 52
Löwe 90
Ludwig XVI. 26

Mars 70
Medici von, Katharina 10, 17, 23, 26
Medizin 48–49, 52, 76
Mobilität 45–47, 89

Napoleon 11, 28, 34
Nationalsozialismus 12, 104
Nervenzellen 50
Normannen 78
Nostradamus 9, 12–22
Notredame de, Bertram 15
Notredame de, César 18–19, 28–29, 35, 37–38
Notredame de, Michel → Nostradamus

Organspenden 49
Orvalius 14

Papst 105
Paradies 33, 47
Pest 15
Philip II. 9, 23
Ponsard, Anne 16
Portugal 83
Prophezeiungen
– Buch der großen 17, 21, 24–38
PSI 41

Rabelais, François 13–14
Raketen 101
Rassenvermischung 46, 89, 96
Raumtransporter 70
Renaissance 9, 26, 59
Rigaud, Benoist 22–23

Rosné de, Antoine 22–23
Rüstungsboom 52
Rußland 53

Schablone 30
Serienfahrzeuge 43–44
Spanien 23, 53, 82, 85, 88
Stier 90
Südamerika 69

Tande de, Claude 17
Technik 60–75
Teilchenbeschleunigung 62–64, 72
Templer 20
Tierzucht 58
Türken 23

UNO 54–55
Urformel 67–69
USA 78, 85, 87–90, 92–93

Vatikan 20, 23
Venus 71
Verschlüsselungstechnik 22, 26–27, 29–38
Verseuchung 101

Waffensysteme
– neue 100, 106–108
Weltraum 46, 67–75
Weltraumexpeditionen 70–75
Weltraumfahrt 69–75
Weltraumschiffe 70–71
Weltraumsonde 67
Weltraumstation 67–68
Weltuntergang 28
Wetter 108
Wirtschaftsprognosen 39
Wohlstand 52–60
Wolf 90

Zeitalter
– goldenes 59–60, 95–97
Zweiter Weltkrieg 11, 34